# 君に100の成功を贈る

経済界 編

経済界

# 君に１００の成功を贈る

# はじめに

この本は、いまに悩み、人生にもがく人たちへの先輩からのエールである。人は誰もが悩みや不安を持ちながら生きる。「人生はそんなものだ」といってしまえばそれまでだが、いざその問題の渦中にいる時にはそんな余裕はない。そういう時こそ、アドバイスや協力がほしいものだが、所詮は他人事。だから、覚悟を決めて自分の力でなんとか解決するしかない。

とはいえ、何か後押ししてくれるものは欲しい。そういった意味では、時代をつくった先人たちの知恵や勇気はヒントを与えてくれる。

この本には、日本の有名経営者やリーダーたち100人の言葉が詰まっている。私たちが受けとるその言葉は、彼らが人生を生き抜くうえで身につけたものだ。

彼らは圧倒的な才能で自身の人生を切り拓いてきた。もちろん、確かな才能があったはずだ。しかし、それ以上に困難や絶望を経験している。しかも、誰もが困難に真正面から向き合ったわけではない。むしろ恐怖をおぼえ、苦悩していた。その姿は、私たちと何も変わらない。

では、なぜ世に名を残せたのか。それは、逃げ出したい思いに駆られても、自分のため、人のため、国のために、結果として踏みとどまったのだ。そうした踏ん張りによって得られたものが言葉として収められている。その言葉はすべて雑誌『経済界』で取材、インタビューされたものだ。

『経済界』は、東京五輪が行われた1964年に誕生した。創刊当時は、グラビア誌『フェイス』という名であった。「経営は人で決まる」という信念のもと、人にフォーカスした誌面作りをいまも続けている。

創業者である佐藤正忠は常々、経済誌は、先人たちの思いをバトンのようにつないでいく役割があると語っていた。だからこそ、彼らの言葉はいまも私たちの心に響き、勇気を与えてくれる。

これらの言葉があなたの最良の友人として、慰め、励ましてくれることになれば幸いである。

平成28年9月

君に100の成功を贈る◎もくじ



# 第1章 心を鍛える

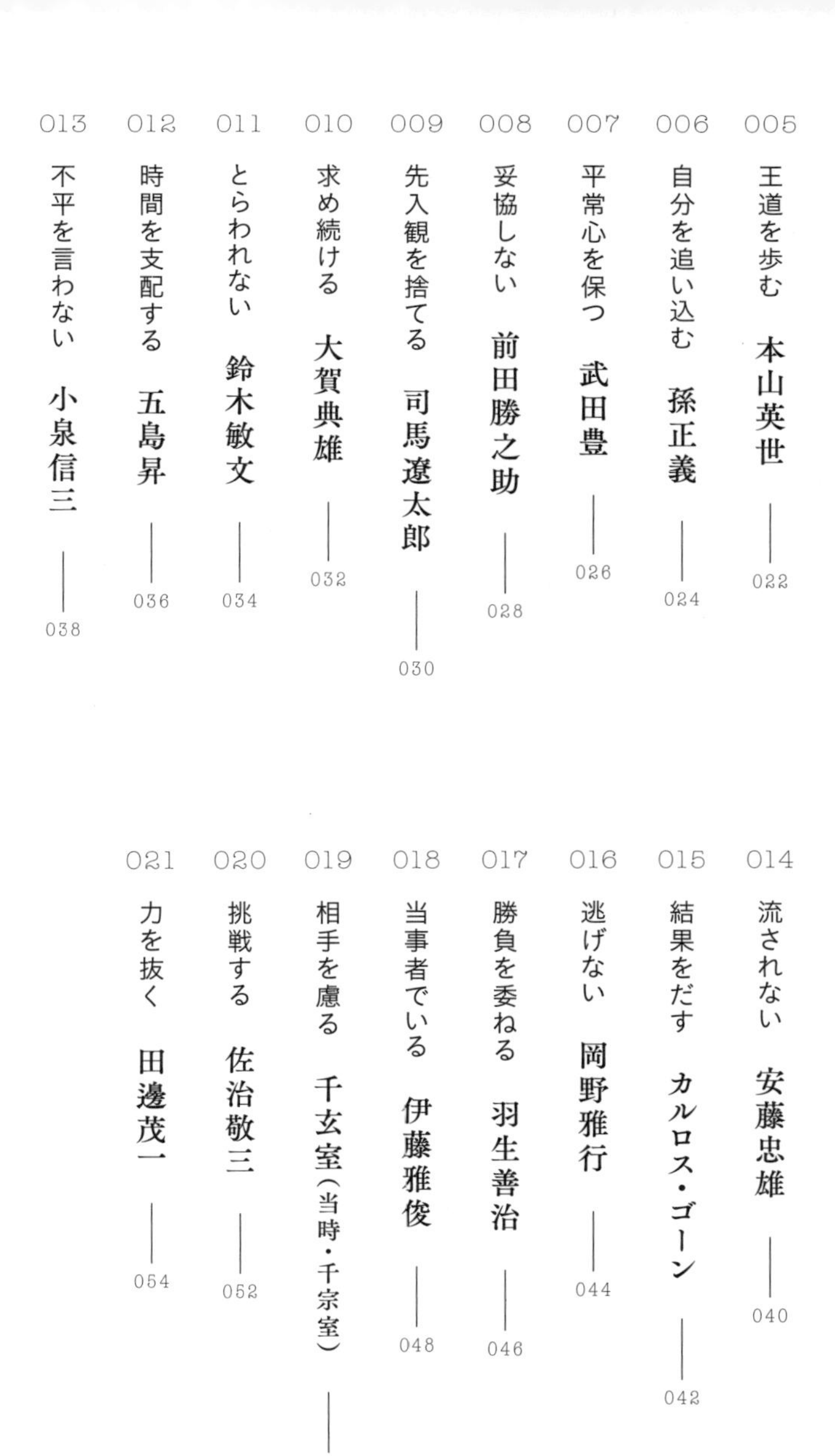

# 第2章 逆境を生きる

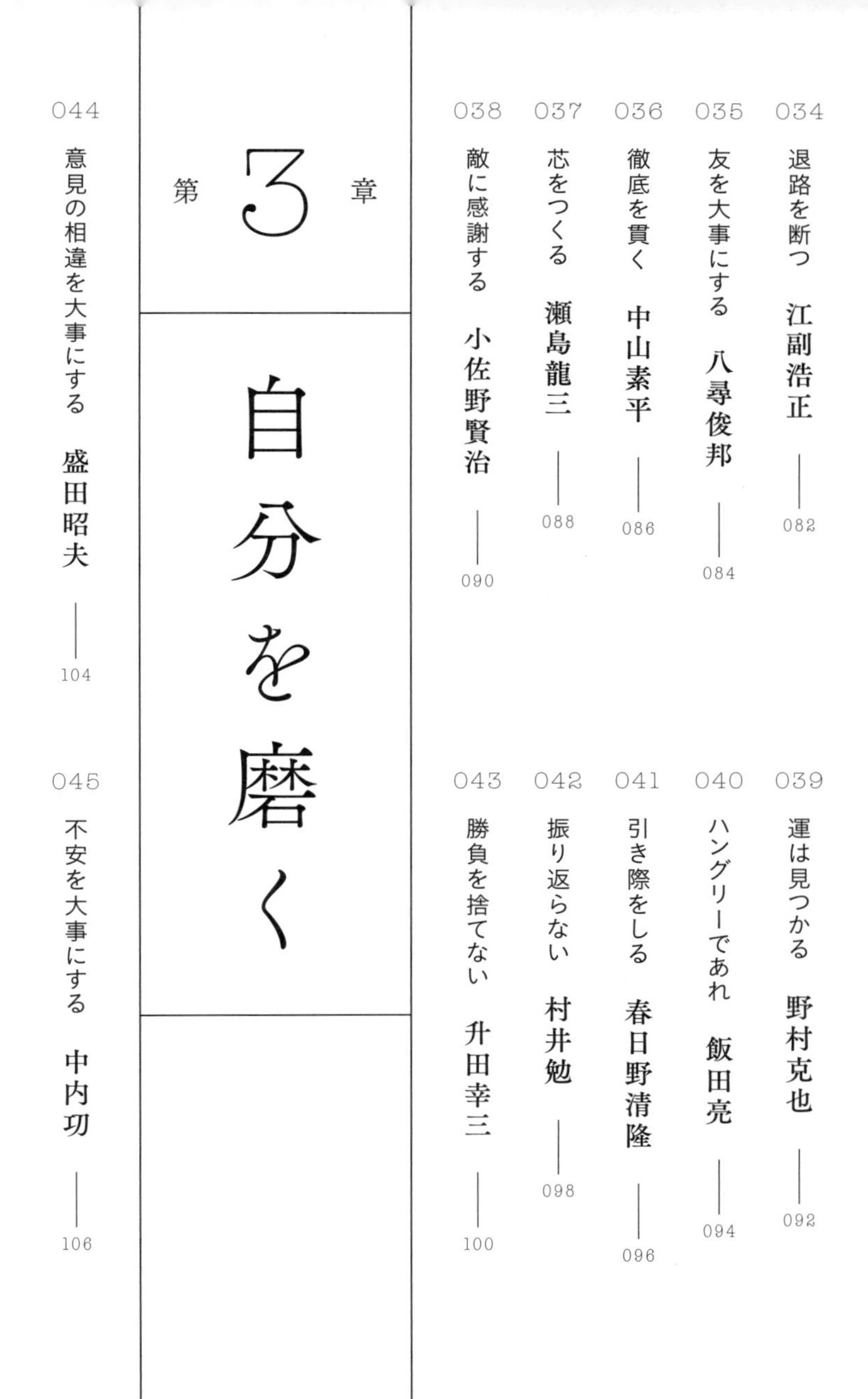

# 第3章 自分を磨く

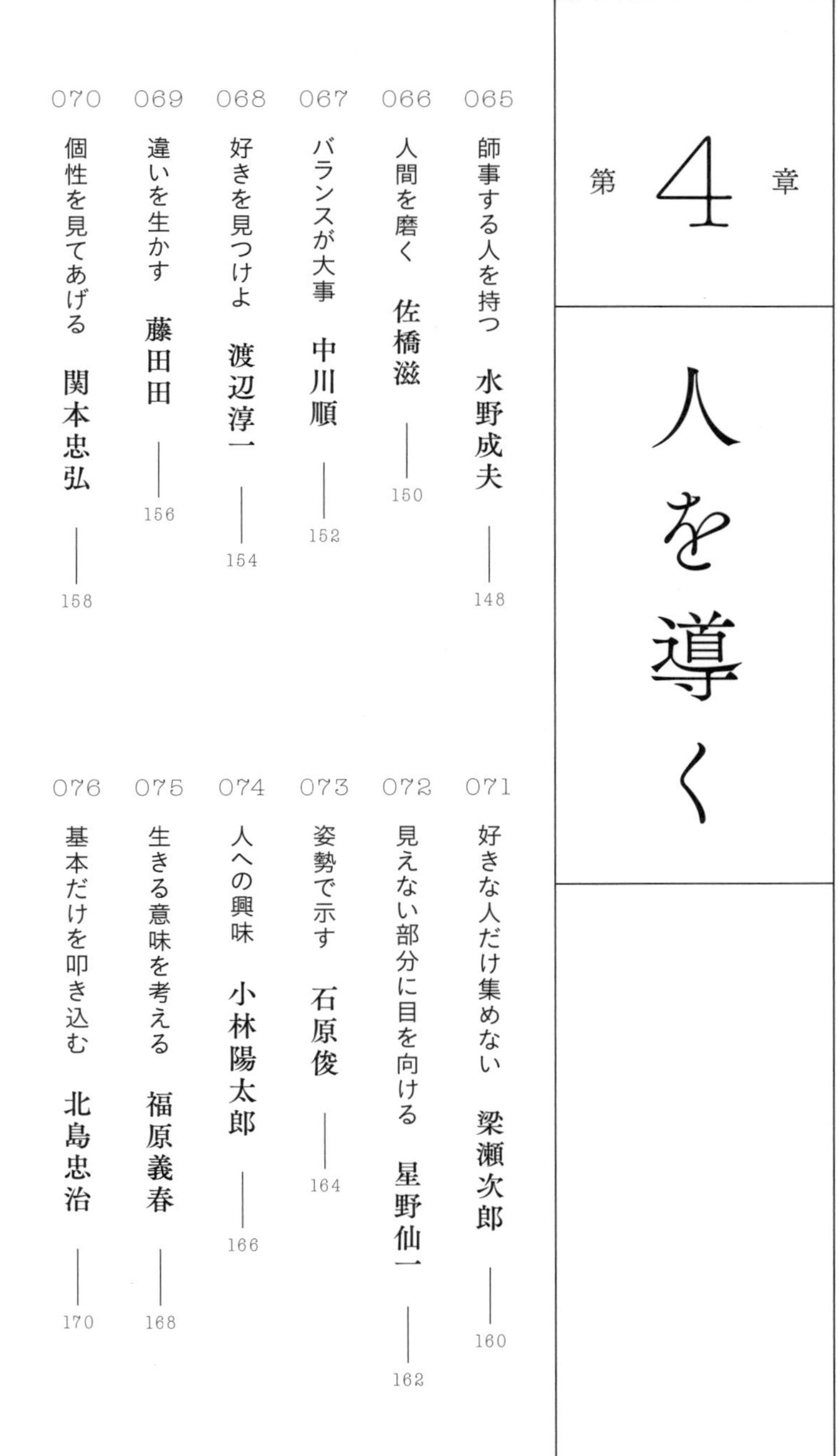

# 第4章 人を導く

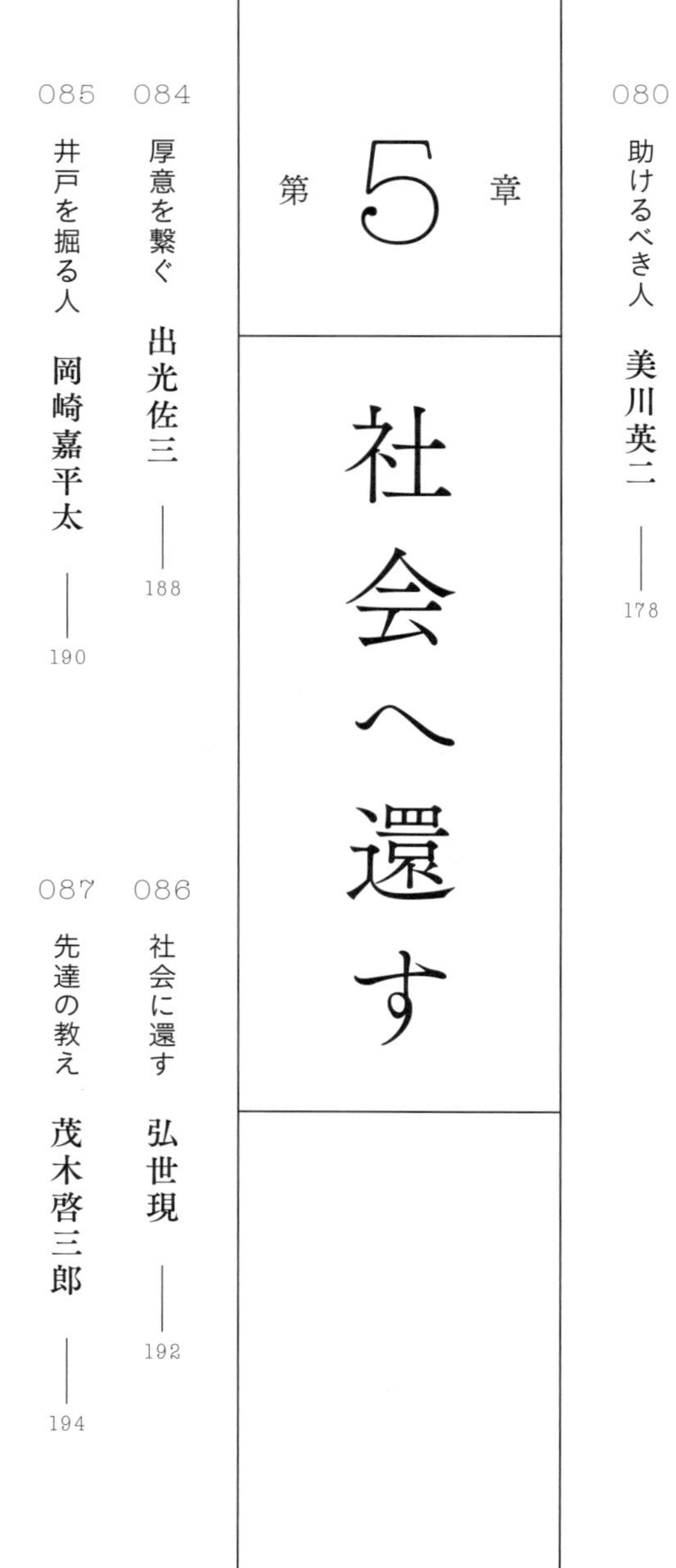

# 第5章 社会へ還す

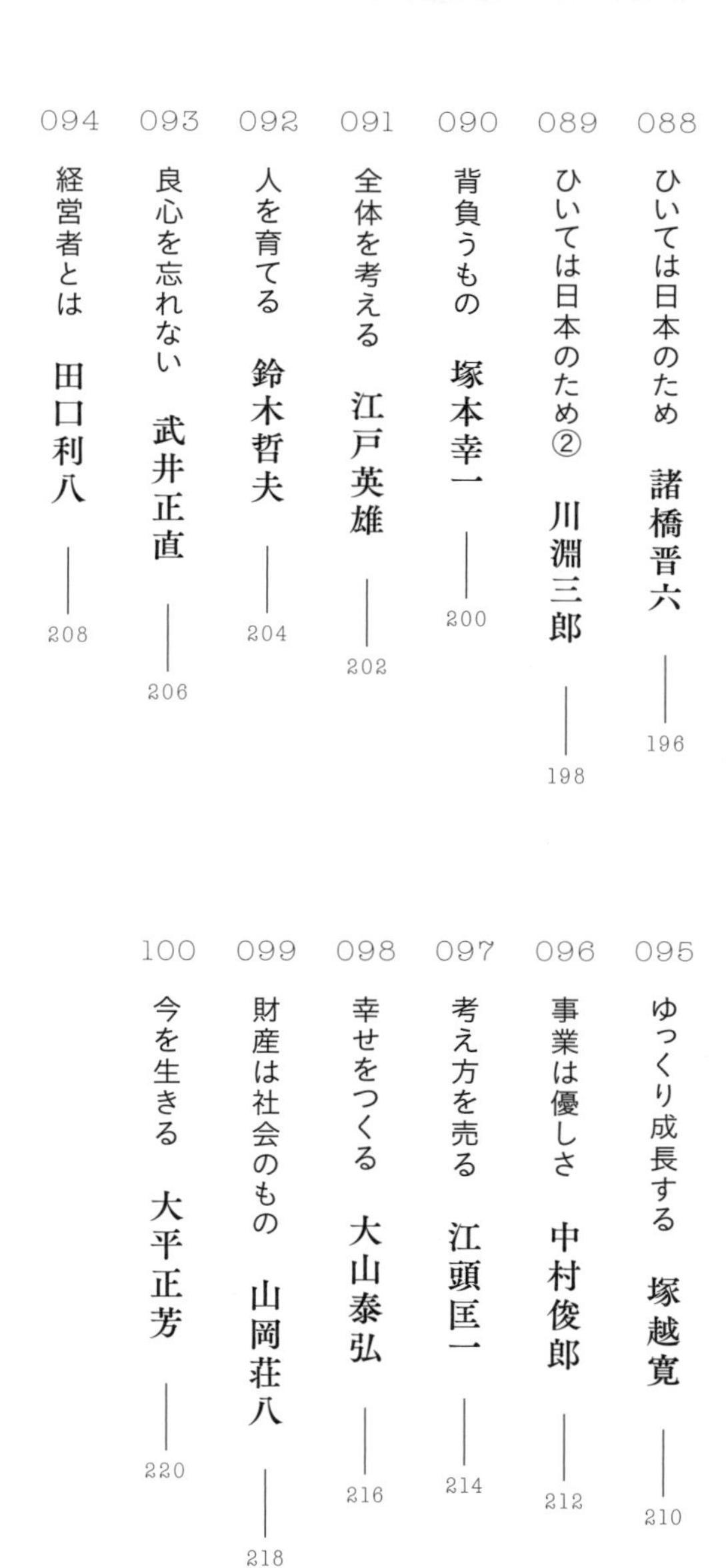

# 第1章

# 心を鍛える

# 001

## 運命を受け入れる

# 支えなんかあって、生きていけるか。



## 土光敏夫

どこう・としお(1896~1988)岡山県生まれ。東京高等工業学校(現・東京工業大学)を卒業。石川島播磨重工業(現・IHI)社長、東芝社長、会長などを歴任。第4代経団連会長も務めた。晩年には「土光臨調」と呼ばれる行政改革を先頭に立って断行した。

「メザシの土光さん」ともいわれた土光氏は、その質素な生活から多くの人に好感をもたれ、その後のいわゆる土光臨調においても国民の後押しを受けた。

この言葉は、オイルショックの影響で長期不況に陥っていた時のもので、当時81歳の土光氏は、取締役相談役であった東芝に朝7時半には出社し、9時過ぎには大手町の経団連に入っていたそうだ。その時、記者の「会長は何を支えに今日まで生きてこられましたか？」との問いにこう答えている。

「バカなこと聞くなよ。支えなんかあって生きられるもんじゃないよ。毎日、毎日、生命があったから一生懸命生きてきただけ、それだけだよ。夢中になって生きてきた。石播も、東芝も、それに経団連も、与えられた仕事に対して、それが自分の運命だと思って、ただ没頭してきただけだよ」


（1977・10・25号）

002

剛柔使い分ける

# 孤高に陥らず、孤独を恐れず。



## 永野重雄

ながの・しげお（1900〜1984）島根県生まれ、広島育ち。東京帝国大学法学部を卒業。財界四天王の一人で、戦後財界のドンと呼ばれた。新日本製鐵（現・新日鐵住金）の会長などを歴任し、公職でも日本商工会議所の会頭など多く務めた。

財界四天王の一人、永野氏は人を大事にした。その心得がこれだ。

「ぼくの机に『孤高に陥らず、孤独を恐れず』と書いた紙を貼っています。端的にいえば〝独りよがりになるな〟ということと〝千万人といえどもわれ往かん〟という気概。相矛盾するようだけれども、これは両方必要だと思います。

チームワーク、協調性は大切だ。しかし、全部迎合しておったら、自分の信念に基づく進歩、発展はない。そのようにぼくは、自らに言い聞かせているんですよ。こうした経験を取り継ぐのは〝先にメシを食ったやつ〟の責任ですからね」

（１９７３・３月号）

# 003

一歩を踏み出す

## えてこましたろかー。



# 大川功

おおかわ・いさお（1923〜2001）大阪府生まれ。早稲田大学卒業後、病に伏せるが快復後、いくつかの事業を行った後にコンピューターサービス株式会社（CSK・現SCSK）を設立した。また、ニュービジネス協議会の会長を務めるなど、若手の育成にも力を注いだ。

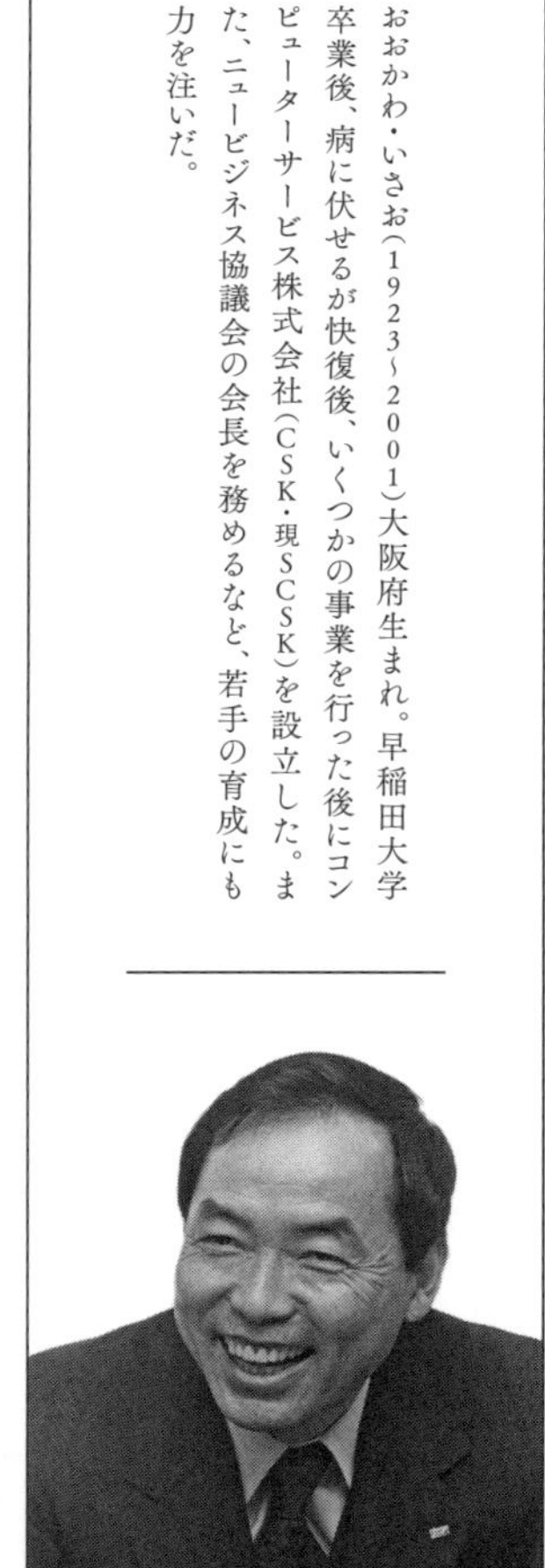

「新たな事業を興す人とはどんな人か？」という問いに、大川氏はこう語った。

「そりゃ、あんた大阪弁でいうたら『えてこましたろかー』。こういう気合いのある奴でないと、何もできまへんで。

でね、やる以上は日本一を目指す。人のやっていることをやってたんでは、大きい会社にぶっ潰されます。人のやっとらん分野に目ぇつけなあきまへん。一代で名を成そうと思ったらそれしかおまへんがな」

大川氏を駆り立てたのは、若い頃に結核を患い、そのうえ盲腸の手術の失敗で、死線をさまよった経験だという。

「どっちみち死んでしまうんなら、生きているうちに勉強しようと思いましてな」

（1982・3・9号）

## 004

運を引き寄せる

**運命に弄ばれ、過去にどんなに
挫折しようとも、ラッキーはあるんです。
明るく、一生懸命やればね。**

### 稲盛和夫

いなもり・かずお（1932〜）鹿児島県生まれ。55年鹿児島大学工学部を卒業後、松風工業に入社。59年、創業メンバーとして京都セラミック（現・京セラ）を設立。その後、社長、会長を経て、現在名誉会長。また、84年には第二電電（現・KDDI）を設立。10年には日本航空の再建を主導した。

意外にも子どもの頃から不運続きだったという稲盛氏。しかし、人生を変えたのは、明るい、ひたむきさだった。

「なにしろ小学校の頃、空襲で家を焼かれ、そのうえ結核にまでかかる。そして旧制鹿児島一中には落ちる。大学も落ちる。就職もダメときて〝俺はなんて運のない男なんだろう〟と真剣に考えていたくらいです。

松風工業で研究を始めた頃ですね、うまくいきだしたのは。でもそれさえも、たまたまぐらいにしか思っていませんでしたね。とにかく、何をやってもダメな私が会社をつくったんですから、とても成功するとは思いませんでしたよ。だから、成功するとかではなく、ひたすら一生懸命やるだけでしたよ。

その後10年くらいたった頃ですかね、株式上場する頃にふっと過去を振り返ると、常に明るさを失わず努力する人にはラッキーがあるんだなあ、と気づいたんです。運命に弄ばれ、過去にどんなに挫折しようとも、ラッキーはあるんです。明るく、一生懸命やればね。それを体験を通して理解できたわけです」

（1989・9・26号）

005

王道を歩む

# 平凡な原則を非凡な水準でもってやれ。

## 本山英世

もとやま・ひでよ（1925〜2005）新潟県生まれ。東京商科大学（現・一橋大学）卒業後、キリンビール入社。84年社長、92年会長。「一番搾り」をヒットさせるなど、キリンビールの強さを守り、事業の多角化にも道筋をつけた。

競合のアサヒビールが「スーパードライ」で追い上げ、最盛期には6割を超えるシェアを誇ったキリンビールのシェアも5割を割ってしまった。しかし、再度「一番搾り」で巻き返していく。熾烈な争いが続くビール業界のなかで本山氏は、その経営哲学を聞かれてこう語っている。

「とにかく、『平凡な原則を非凡な水準でもってやれ』ということでしょうかね。商売において、そんなに奇手妙手なんてものはないんじゃないでしょうか。

原理原則というのは、皆、頭でわかっていても、実際にどれだけ忠実に、それにしたがってできるか、言い換えれば、非凡な水準で遂行することがいかに難しいか、ということですね」

（1991・新春特大号）

006

自分を追い込む

# 1日5分、なにか一つ発明のアイデアを考え出すことを自分に義務づけました。

24

## 孫正義

そん・まさよし（1957〜）佐賀県生まれ。高校1年生で渡米し、カリフォルニア大学バークレー校を卒業。初めて起業したのは大学時代で、卒業時に会社を売却し帰国。日本で日本ソフトバンク（現・ソフトバンクグループ）を立ち上げた。

16歳で米国に渡り、飛び級で大学に進学した孫氏。その当時、本人曰く、二宮尊徳よりも勉強したそうだ。もちろん、アルバイトなどする時間もなく、収入を得るために考え出したのが「発明」だった。

「勉強の虫であった私は、時間が惜しくて、友達のようにアルバイトができません。何か、短時間で収入を得られる方法はないかと考えた結果、発明を思いつきました。

たまたま松下幸之助さんの本を小さい頃から何度か読んだことがありまして、電球の二股ソケットや電気コンロなど、ちょっとした発明から、あの松下電器産業を起こされたことに深く感銘を受けていたので、私のイメージとも合致しました。

それで、1日5分、なにか一つ発明のアイデアを考え出すことを自分に義務づけました。その結果、1年間で250ほどのアイデアを発明ノートに綴ることができ、そのなかから電子翻訳機の試作機をつくったのです」

（1992・新春特大号）

007

平常心を保つ

# 私たちは、地球の引力に逆らって立っているんですからね。逆らい方がいちばん自然なのが、自然体。

## 武田豊

たけだ・ゆたか(1914~2004)宮城県生まれ。東京帝国大学法学部を卒業後、日本製鐵(現・新日鐵住金)に入社。社長、会長を務めた。経団連副会長や鉄鋼連盟会長など公職も多く務める一方、弓道家、大脳生理学の研究を行うなど、多方面で活躍した。

弓道歴は60年以上、全国大会で優勝するほどの実績を持つ武田豊氏が語ったのは、基本の大事さ。言い換えれば、大自然の理を理解しているところにある。

「私たちは、地球の引力に逆らって立っているんですからね。その逆らい方がいちばん自然なのが、自然体。どこかに無理があるとそこから破れが来る。

ですからスランプになった場合は、まず原点に返ってね、基本から自分をトレースしていくと〝これだ〟というのが出てきますね。どんな先生であろうと、正しい姿勢で立ち向かうことと謙虚な気持ちがなくなったら、ちょっと迫力を失いますね」

相手に呑まれないことについても述べている。

「七分三分の兼ね合いという言葉があるが、自分が三分で相手が七分と思っているときは、本当は五分五分なんです。そのくらい相手は強く見えるんです」

（1982・2・9号）

# 008

## 妥協しない

**勇気をもって、自分で考えたアイデアを強引にでも主張し、やっていく力が重要でしょうね。**



## 前田勝之助

まえだ・かつのすけ（1931〜2013）福岡県生まれ。熊本大学工学部卒業後、京都大学大学院へ。56年、東洋レーヨン（現・東レ）入社。愛媛工場長などを経て、87年、16人抜きで社長に就任。経営改革を断行し、東レ中興の祖と呼ばれる。

東レという会社には、「アングラ研究」という自分だけの裁量で研究を行う時間が認められている。そうした時間があるからこそ「炭素繊維」や「ヒートテック」など画期的な製品が生まれてくるのであろう。

技術者であり、中興の祖といわれる前田勝之助氏も、新たな技術開発を起こす人について、このような言葉を残している。

「いろいろなことは考えずに、勇気をもって、自分で考えたアイデアを強引にでも主張し、やっていく力が重要でしょうね。みんなで妥協しますと、技術の平均値ができてしまいますから、これはダメです。

やっぱり誰か一人の人が、しっかりしたものを作り上げていくことです。技術開発の底力というのは、組織の問題やいろんなことをハネのけてでもやる力なのです」

（１９８９・夏季特大号）

009

先入観を捨てる

# こんなものはつまらんというんです。



## 司馬遼太郎

しば・りょうたろう（1923〜1996）本名は福田定一。大阪府生まれ。大阪外語学校蒙古語学科を卒業。戦争中は満州で従軍。復員後に産経新聞の記者となる。59年『梟の城』で直木賞受賞。その後も多くの歴史小説を残し活躍した。

坂本竜馬が、なぜあそこまで活躍できたのか。司馬氏は、竜馬の柔軟な頭をその理由の一つとしてあげている。

「彼が学んだもののうち、モノになったのは剣術だけです。千葉道場の塾頭にまでなったんですよ。しかし彼はのちには、その剣術までもバカにしました。

こんなものはつまらんというんです。これはなかなかできません。いかに先入観がないかということです。自分のもっとも重要な、誇るべきキャリアをもっともバカにしたんですからね。

彼自身、いつも日進月歩していたわけですよ。刀の次に懐から出したもの、それはピストルでした。それから次の時には、これだ、といって万国公法を出したんです。つまり、この万国公法だけが自分を守り、そして日本を守るものだというわけです。法治主義の象徴みたいなものなんです」

（1966・11月号）

010

求め続ける

# サムシング・ニュー、サムシング・ディファレンス。

## 大賀典雄

おおが・のりお(1930〜2011)静岡県生まれ。53年、東京藝術大学卒業後、ドイツに留学、57年、ベルリン国立高等音楽大学を首席で卒業。バリトン歌手として活躍する一方、59年、請われてソニーに入社。昼間はソニーの社員として、夜は音楽家として活動をしばらく続けた。82年に社長、その後会長。還暦を機に指揮者として音楽活動を再開。東京フィルハーモニー交響楽団会長・理事長なども務めた。

5代目のソニー社長である大賀氏が、ソニーの財産について語っている。

「ソニーの哲学はやはり、サムシング・ニュー、サムシング・ディファレンスです。これは私も昔から持ち続けています。どうしても普通は、今日のマーケットをみて、売れているものをつくろうとする。しかしこれでは後追いになってしまう。

昔、大宅壮一さんがソニーのことを『偉大なるモルモット』と言われた。絶えず新しいものに挑戦し、冒険している。が、それが利口かどうかはわからない、と大宅さんは言われていましたがね。

私は何もモルモットというのでなく、我々のプロダクトは人より一歩先んじたものを出していくのがソニーの使命であると考えています。そしてもっとも大事なのは、そうした新しいことを絶えずやる、というソニーに対する、顧客のなかに染み込んだイメージ、これが最大の財産なんです」

（1987・新春特大号）

011

とらわれない

# 経験は悪だ。

## 鈴木敏文

すずき・としふみ（1932〜）長野県生まれ。56年、中央大学経済学部卒業後、東京出版販売（現・トーハン）入社。63年イトーヨーカ堂入社。73年、ヨークセブン（現セブン-イレブン・ジャパン）設立に伴い専務。78年、セブン-イレブン・ジャパン社長。92年、イトーヨーカ堂社長兼グループ代表。その後も、現在のセブン&アイグループを引っ張り続けてきたが、16年4月7日、引退を発表、現在は最高顧問。

従来の常識ではダメだと思われてきたことが、世の中の変化で有効になることがある。だから、経験も大事だがとらわれてはならない、本当に大事なものは原理原則だと鈴木氏は言っている。

「『経験は悪だ』という言い方をしているんです。ちょっと極端かもしれませんけど。原理原則というのは大変重要であって、これは踏み外してはいけない。だけど、原理原則と経験とを混同して考えがちだと感じているんです。

私がイトーヨーカ堂に転職したのは昭和38年だけど、40年代初めにかけては、店長といっても営業経験のない、入って2、3年の人がやっていた。それでも、どんどん売れた。ところが最近売れなくなると、こんなはずじゃないと考える。その時、必ず出てくるのは経験云々なんです。だから経験にとらわれてはいけないと思うんです」

（1985・4・23号）

012

時間を支配する

# 忙しい時のほうが諸事万端うまくいく。

## 五島昇

ごとう・のぼる（1916〜1989）東急グループの礎を築いた五島慶太氏の長男として生まれる。東京帝国大学卒業後、東京芝浦電気（現・東芝）を経て東京急行電鉄に入社。54年に社長就任。84年からは日本商工会議所の会頭も務めた。

将棋棋士の升田幸三氏との対談で、多忙を極めても、時間に追われなくなったことについて語っている。

「忙しい時のほうが諸事万端うまくいく。ゴルフなんかも暇な奴のほうが腕は上がるかというと、決してそうじゃないね。キリキリ舞いしながら、時間を盗むっていうか、つくりだしてやる者のほうが上達は早い。仕事だって同じだな」

と、集中力の問題だと述べている。さらにこう付け加えた。

「やり繰り算段して、ひとつ、ふたつ、不義理しながら時間をつくって遊びに行くっていうのは楽しいもんだよ（笑）」

（1979・9・11号）

## 013

不平を言わない

# 馬鹿不平多し。

## 小泉信三

こいずみ・しんぞう（1888〜1966）東京都生まれ。慶應義塾大学を卒業後、欧州に留学。帰国後、慶應義塾で経済学史、社会思想史を教える。33年に親子2代となる慶應義塾大学塾長に就任。戦後は、今上天皇の皇太子時代の教育にあたるなど、昭和の大教育者として知られる。

『経済界』創刊当時に「巻頭言」を書いていただいたのが、慶應義塾大学の塾長を務められた小泉信三先生。福沢翁の謦咳に接しただけに貴重な話が多い。

「或る人が人を介して私に一軸のために箱書きをしてもらひたい、といって来た。それを展べてみると大字で『馬鹿不平多』としてある。書者は梅原龍三郎画伯であるが、この言葉は福沢諭吉のもので、すでに福沢諭吉全集第20巻にも載ってゐる。福沢がどのやうな機会にこの語を書して与へたか、私はきいてゐないが、いずれは誰かの不条理な不平の言を片腹痛く思って吐いた言葉であったらと思ふ。

福沢は別に『公平論出不平人（公平ノ論ハ不平ノ人ニ出ヅ）』といふ言葉があり、すでに人にも知られてゐる。ここでは福沢は、不平の人の言葉の価値を認めたと解されるが、その同じ福沢は別の機会には馬鹿者は兎角不平が多い、と罵ったのである。さうして彼もこれも共に福沢の本音だったと思ふ。福沢はよく讃へ、またよく罵る人であった」

（1964・12月号）

014

流されない

# この何とかなるという発想が問題を起こしているのと違いますか。



## 安藤忠雄

あんどう・ただお(1941〜)大阪府生まれ。独学で建築を学び、69年、安藤忠雄建築研究所を設立。コロンビア大学やハーバード大学の客員教授を務め、97年からは東京大学教授に就任。現在、名誉教授。代表作に「住吉の長屋」や「光の教会」「表参道ヒルズ」などがある。

建築家の安藤忠雄氏は「新しい時代を切り拓くには」との問いに、「流されてはいけない、真正面からぶつかること」と答えている。

「日本は島国で、平和に穏やかに生きてきましたから、その長い歴史のなかではそれほど簡単には変わらないと思います。だから真にパニックに陥らないと変わらないでしょう。それから、この国の人は何とかなるだろうと考えていますよ。

この何とかなるという発想が問題を起こしているのと違いますか。あらゆる問題に対して、そういう対応をしているのでしょう。

これは国民全部の問題だと思いますが、国民は指導者によって変わりますからね。だからどんどん出て来てそれぞれ玉砕してほしいですね」

（1993・3・2号）

015

結果をだす

# 成功は実績によってしか評価されない。

## カルロス・ゴーン

カルロス・ゴーン（1954〜）ブラジル生まれ。フランスの大学でエンジニアの学位を取得し、78年、ミシュラン入社。その後、ブラジル・ミシュラン社長、ミシュランの北米子会社社長などを経て、96年にルノー入社。99年に日産自動車COO、01年に社長兼CEOに就任。現在は、ルノーの会長兼CEOも兼任する。

ゴーン氏の登場は、日産自動車の業績を回復した以上のインパクトを日本にもたらした。そして、その放つ言葉も実にシンプル。

例えば、リーダーの仕事についても「明確で分かりやすいビジョンを示し、実行できなかった時の責任の所在をはっきりさせる」というものだ。

成功の定義も実に明快に答えている。

「グローバルビジネスを展開するうえで、日産自動車が日本企業であることはプラスでもマイナスでもありません。グローバル市場での競争に参加するには、世界中の多様な人材が共通の計画の下で、同じ目標に向かって協力していくことが必要であると考えています。そして最後に、企業が成功したか否かを判断されるのは、その実績によってのみなのです」

(2004・1・27号)

016

逃げない

# 東京で儲けられないのに、地方で儲かるわけがないじゃねえか。



## 岡野雅行

おかの・まさゆき（1933〜）東京都生まれ。旧制中学校中退後、家業の岡野金型製作所（現・岡野工業）に入社。金属深絞り加工技術を磨き、リチウムイオン電池ケースや痛くない注射針を開発するなど、その技術の高さは世界が認める。

金属の深絞り技術を独自の武器に、携帯電話のバッテリーケースや痛くない注射針など不可能といわれた製品加工を実現させてきた岡野氏。海外へ生産現場が移っていく現状に、仕事は場所なんかではなく、技術を極めることが大事と説く。

右の言葉は、岡野氏の父上の言葉だという。岡野氏自身もこう答えてくれた。

「東京で女にもてない奴が、地方でもてないのと一緒だよ（笑）。だから、何も難しく考えることはなくて、一つの技術だけを徹底して磨き上げること」

それには、職人が何度も失敗できる環境づくりが大事なのだそうだ。

（2011・2・22号）

017

勝負を委ねる

# 下駄を預けることができるか。



## 羽生善治

はぶ・よしはる（1970〜）埼玉県生まれ。小6の時に小学生将棋名人戦で優勝。82年、6級で奨励会入り。中学生でプロ棋士になり、21歳で史上最年少の名人位に。95年度には名人、竜王、棋王など史上初の7冠を果たす。現在も王位、棋聖、王座のタイトルを持つ。九段。

最強棋士として、現在も第一線で活躍する将棋棋士の羽生善治氏に、史上初の7冠達成当時、「勝ち負けの決め手はなんでしょうか」と尋ねてみたところ、こう答えている。

「何かそれに踏み込む勇気でしょうかね。将棋の世界は特にそうなんですが、自分の力だけでは勝てず、相手の力も使わないと勝てないので、下駄を預けることができるかどうかというのはすごく大きいですね。

どうしても、これは負けるかもしれないけど、どうにでもしてくださいという手を指さないと、なかなか勝負に結び付かないということがありますね」

（1996・8・6号）

# 018

当事者でいる

**さて、自分がその立場になったら、できない人が多いんじゃないですか。**



## 伊藤雅俊

いとう・まさとし（1924〜）東京都生まれ。横浜市立商業専門学校（現・横浜市立大学）卒業。45年に、イトーヨーカ堂の前身である洋品店・羊華堂を家族と共に再開。その後、社長に就任。58年にイトーヨーカ堂を設立。セブン‐イレブン・ジャパンやデニーズなど、現在のセブン&アイグループを築いた。

セブン&アイグループには創業家、伊藤氏の「商人道」が息づいている。

「頭のいい人というのは、割合と自分自身も批判する。そういう批判能力というのはいい時もありますけど、評論家になってしまう場合のほうが、あるんじゃないでしょうか。この間も友達と話したんですが、人の娘のことならいえるけれど、自分の娘の立場に立ったらそのときは言えないですよね。

だから、そういう意味で、皆さん偉そうなことを言うけれども『さて、自分がその立場になったら、できない人が多いんじゃないですか』ということを良く申し上げるんです。かといって、あまり共感してばかりだとアバタもエクボになってしまったんでは商売になりません。だから、物ごとを見るには、2つから3つの視点から見たらいいんじゃないかということを言うんです」

（1973・11月号）

# 019

相手を慮る

## 今の今の心の働き。



千玄室
（当時・千宗室）

せん・げんしつ（1923～）京都府生まれ。同志社大学卒業。大徳寺管長後藤瑞巌老師のもとで修行、得度。64年、15代裏千家家元を襲名。その後、02年、家元を譲座し玄室大宗匠となる。また、戦時中、特攻隊に所属した経験から、お茶を通じて平和を訴える活動を行っている。

人間は自然界に育まれた存在なのであるから、テクノロジーなど文明の恩恵を預かるにも、ちょっとした心構えが必要なのではと大宗匠は言う。

その例えとして、千利休が師である武野紹鷗から受けたおもてなしをあげる。

「それは、暑い日の一日であり、師の庵の遠い山里にあった。そこまで汗をふきふき利休は訪れた。ところがその庵に路地に入ってふとつくばりをみると、何と、清らかな水を満々とたたえたその上には青葉が数葉浮かべているではないか。そして、その青葉の上には見るからに涼しそうな露がかけられているではないか。

利休はこのつくばりの側を離れることができなかった。今までのリンリと流れていた汗はどこへやら、このあまりにもやさしい師の思いやりに心をなぐさめられ、心気まことに爽涼、これある哉とひざを打って師匠の前にはせ参じたという。

そして利休はこの時この今の今の心の働きを悟り、これを茶の道に入る者の心構えとして教えている」

（1965・7月号）

挑戦する

# やらしてみなはれ。

## 佐治敬三

さじ・けいぞう（1919～1999）大阪府生まれ。大阪帝国大学理学部卒業。45年、サントリーの前身である寿屋に入社。81年、社長に就任。後に会長。大商会頭など多くの公職も務め、文化活動や社会貢献で日本の発展に寄与した。

サントリーの精神ともいえる「やってみなはれ」は、じつはサントリー創業者である父・鳥井信治郎氏からの息子・佐治氏に対する小言で、理学部出身で理屈から入ってばかりいる佐治氏に対し、業を煮やしたオヤジさんが「敬三、やってみなはれ」と言ったことが始まりだそうだ。

そこには、ふたつの意味が込められているという。

「一つは、文字どおり挑戦です。そして、挑戦してだめだとしてもオレが骨を拾ってやるという意味が込められているような気がします。やってみてダメなやつは怒る。やらない奴はトコトン怒るということです。それと、この言葉をトップマネジメントの立場からみれば『やらしてみなはれ』ということなんです」

（1983・12・13号）

# 021

## 力を抜く

# 考えないの、考えるとストレスがたまる。



## 田邊茂一

たなべ・もいち（1905～1981）東京都生まれ。紀伊國屋書店創業者、作家としても活躍。慶應高等部卒業の数か月後の昭和2年、画廊を併設した紀伊國屋書店を開き、同社をトップの書店にまで育て上げた。

紀伊國屋書店の創業者である田邊氏は、経営者として書店の海外展開を始めるなど先見の明があったが、粋人としても有名だった。ユーモアあふれる人柄が言葉からもにじみ出ている。

「(経営は) カネの計算したことなんか、一度もないですよ。社長はあれこれ細かいことをしないほうがいいようです (笑)。

今年は《鳴かず飛ばずも芸のうち》と色紙に書いているんです。動いたら芸にならない。見ざる、聞かざる、言わざる……。そして、思わざる、というのを加える。考えないの、考えるとストレスがたまる」

(1980・9・9号)

# 第2章

# 逆境を生きる

022

マイナスを生かす

# 不景気にあうことも、大きな進展の機会になりまんな。



## 松下幸之助

まつした・こうのすけ（1894～1989）和歌山県生まれ。松下電器産業（現・パナソニック）創業者。丁稚から身を起こし、パナソニックを世界的企業にまで発展させるなど「経営の神様」と言われる。

経営の神様と呼ばれた松下幸之助翁が語ったのは、伝説の熱海会談についてである。

「昭和39年不景気がきましたでしょ。それで、山一證券も潰れかけて、政府が助けた。ああいう不景気にうちも直面した。そのときに新しい販売方法を考えるわけですな。販売政策というものを。どこの販売店を調べてみても、みな、損しとるわけですよ。乱売競争でな。それをまぁはじめて知って、これはいかんなということで、いっぺんみんなを呼んだんですよ。箱根、熱海会なんていうの。

そこで『みなさん儲けていますか』と質問したら『損してます』という。しかし、『儲けてる方いますか』と尋ねると、2、3百のうち、20、30人は手を上げますな。そういうことやから3日間会議したんですよ。

その儲かる人がどうやっているかいうたら、ピシッと方針立てて、方針どおり動いてます。それで小売り屋さんにも共鳴してもうてますわ。そういう点を考えますと、わたしはやはり景気がええことが続くことも結構やけど、たまに困るなという不景気にあうことも、大きな進展の機会になりまんな」

（1976・7・10号）

023

闘争心をもつ

# 敵のない人生は無味乾燥ですわ。



## 笹川良一

ささがわ・りょういち（1899〜1995）大阪府生まれ。日本の政治運動家、右翼活動家。極東軍事裁判ではA級戦犯（後に不起訴）、右翼のドンとしても知られるが、同時に社会奉仕家として日本船舶振興会（現・日本財団）の創立者でもある。

81年当時、82歳だった笹川氏は、トシを60歳捨てているそうで、自分のことを22歳だと述べていた。そんな日本のドンだけあって、戦後すぐの若い頃には、A級戦犯であるにもかかわらずケンカばかり、マッカーサーにも何度も手紙をだし、「勝ったものが負けたものを逮捕、拘禁して裁判にかける権限は、なんちゅう神のご意志か」と盾ついたそうだ。

続けて、「人間扱いしよらんからね、当時は。私はケンカ好きなんですな。敵ができるほど喜んどる。敵のいない人生は無味乾燥ですわ」と愛を感じられなかった権力を許せなかったそうだ。

（1981・9・8号）

024

言い訳をしない

# 結局、信頼関係しかないんですよ。

鈴木治雄

すずき・はるお(1913~2004)神奈川県生まれ。東京帝国大学法学部卒業。野村証券入社。その後、昭和電工設立と同時に父とともに入社。その後社長、会長を務める。知性派の財界人として長きに渡って活躍した。

第二水俣病と呼ばれた阿賀野川公害裁判を終えての感想。

当時、日中国交回復や第4次中東危機などもあり、対立や和解を踏まえて発言している。

「加害者、被害者の別を越えて通じるのは『誠意』あるいは『ヒューマニズム』ではないかと。これは、国際的にも同じで中国にも通じるし、イスラエルにもアラブ諸国にも通じます。内外ともに激動期になってくると、結局、信頼関係しかないんですよ。つまり、『嘘をつかない』ことと『努力する』ことでしょうね」

（1974・2月号）

025

山を測る

# 自力で最後まで山を登りきる力があるか。



## 古森重隆

こもり・しげたか（1939〜）長崎県生まれ。東大経済学部を卒業後、富士写真フイルム（現・富士フイルム）に入社し、営業畑を歩む。フジフイルムヨーロッパ社長を経て社長に就任。写真フィルムが急減する状況にも強靭なリーダーシップで対応。強い企業に育て上げた。現在は、富士フイルムホールディングス代表取締役会長・CEO。

売上の3分の2を占めていた写真用フィルムが、デジタルカメラの登場によってなくなった。そのとき、新たな道を模索しなければならなかった古森氏。その基準を「本業の領域からあまり遠くない」「当社が競争力を発揮できる」「市場に将来性がある」の3つに求めたそうだ。

その成功と失敗を分けるものについてこう語っている。

「簡単に教えるわけにはいきませんけどね（笑）。しかし、新しい分野に進出した際に、自分の基盤になる力が生かせるかどうか、に尽きるのではないでしょうか。

登山にたとえると、自社のみの新規参入だとゼロから、M&Aを行った場合は5合目からのぼるわけですが、そこから先は自力で登らなければならない。その度胸と体力があるのか、見究める力が求められます。もちろん見通すのが難しいこともありますが、それを行うのが経営者の仕事です」

（2010・11・2号）

# 百貨店は人間が資産です。



## 山中鏆

やまなか・かん（1922〜1999）山口県生まれ。慶應義塾大学予科に進学後、学徒出陣で出征。戦後、伊勢丹に入社。その後、伊勢丹から松屋、さらには東武百貨店と、百貨店の立て直しに手腕を発揮。「百貨店経営の神様」とよばれた。

身売り説が飛び出すほど瀕死の百貨店だった松屋を再建したのは、伊勢丹（現・三越伊勢丹ホールディングス）の副社長からスカウトされた山中鏆氏。４年間無配だった会社を復配させるためにリニューアルを仕掛けた。

しかし、その目的には社員の意識改革もあった。

「全社員を再建に参加させることが再建の第一歩だと思ったので、はじめは何もしないで末端の社員を20名ずつ集めて徹底的に話し合った。役員たちはいいことしか言わない。でも、第一線の女子社員は本音を言う、不平不満ばかり出たが、対話をすれば彼女たちも納得してくれたんです」

これ、じつは伊勢丹時代の先輩山本宗二氏が東急百貨店にスカウトされ、行った手法だったという。結局は、会社も人の気持ちの積み重ねが大事だということだ。

（1979・8・14号）

027

肚をくくる

# 珍重す　大元三尺の剣
# 電光影裏に　春風を斬る



## 近藤道生

こんどう・みちたか（1920〜2010）神奈川県出身。東京帝国大学卒業後、大蔵省（現・財務省）に入省。直後に海軍へ。戦後、大蔵省に復帰し銀行局長、国税庁長官を歴任。75年に博報堂に社長として招かれ、同社の発展に寄与した。また、茶人としても有名であった。

にこやかな笑顔と穏やかな物腰からは、想像もつかない体験をされていた近藤氏。人間の芯をつくったのは、終戦をペナンで迎え、退去する日の出来事だったようだ。

「ペナンから対岸に渡る時、旧敵兵の掠奪がはじまりました。

私物はともかく、医療品など生存に欠かせない必需品まで奪われかねない状況で、咄嗟に部下へ号令をかけ、早く行くよう命令しました。しかし、箱をどうしても開けろといって止められました。私は担ぎ手の日本兵に近寄るなり、ビンタを喰らわせ、早く行けと勧進帳を演じました。途端に、激昂した英指揮官が銃口を私の背中にめり込ませてきたのです。一瞬、観念しましたが、かなり長い時間、彼を無視し、日本兵だけを相手に勧進帳を演じきりました。

その時、心の中で唱え続けた言葉が、父から教わった『珍重す　大元三尺の剣　電光影裏に　春風を斬る』。鎌倉時代の禅僧、無学祖元が元の兵にとり囲まれた禅語でした。その言葉を心の中で何度も唱えていました」

（2000・4・11号）

028

覚悟を決める

# ぼくはやると言った以上、失敗したら責任をとるつもりでいる。反対する人は首をかけて反対しているのか。



## 山田洋次

やまだ・ようじ（1931〜）大阪府生まれ。東京大学卒業後、松竹大船撮影所に助監督として入社。川島雄三、野村芳太郎、渋谷実に師事。51年、「二階の他人」で初監督。69年に「男はつらいよ」を発表し49作を手掛けた。「幸福の黄色いハンカチ」「たそがれ清兵衛」「母と暮せば」など多くの名作を生み出し、現在も活躍中。

「男はつらいよ」が、企画段階では猛反対されていたとはビックリだが、映画を実現させたのは監督の情熱だった。

「最初、あの企画は会社に猛反対されました。あまりに物語が単純すぎる、変な男が失恋しただけの話じゃないかって。しかしぼくは何かできるような気がして、粘ったわけです。城戸さん（四郎・会長）が健在の頃で、最終的には会長室で反対する各担当の重役なんかと対決する破目になっちゃった。

ぼくはのるかそるかだとハラをくくって『反対する方が楽なんだ。潰しちゃえば何も結果が出ない。ぼくはやるといった以上、失敗したら責任をとるつもりでいる。反対する人は首をかけて反対しているのか』と開き直ったんですよ。それを聞いていた城戸さんは、苦笑いして『まぁやれよ、もういい』といわれました。

そんなわけで、第一回目は冷たい目で見られながらもつくったんですが、封切ったらワーッと客が来たんで、もう一回やってくれないか、みたいなことになって……。以後は、盆と正月に10年以上続いているんですよね」

（1979・3・13号）

029

言うべきことは言う

# 歩き出したものは最後まで歩くつもりだ。

## 小山五郎

こやま・ごろう（1909～2006）群馬県出身。東京帝国大学経済学部卒業後、三井銀行に入行。68年社長。74年に会長。戦後解体された三井グループを三井不動産の江戸英雄氏らとともに再集結。「二木会」を結成し結束強化を図った。歯に衣着せぬ発言から「ケンカ五郎」の異名があった。

百貨店の三越を私物化した当時の社長が解任された事件で、引導を渡した小山氏。その取締役会に臨むときの心境をこう語っている。

「22日の（対決）なんて、自然にそう決めつけられて、時間もかかってに変えられて、僕は出席できないようにされたが、『いや、でるよ』と出席した。

僕は自分の主張を言うつもりだったからね。それが、『勝つ、負ける』なんてわからない。向こうはいろいろなことをやっているから、負けるかもしれない。だけど、負けたって火種は残しておくよと。歩き出したものは最後まで歩くつもりだ、という決意で臨んだんです」

結果は、16対0全会一致で解任が決まった。


（1983・新年特大号）

030

評価は変わる

# 10年辛抱すれば評価は変わりますよ、と言われたんです。

## 後藤康男

ごとう・やすお（1923〜2002）愛媛県生まれ。安田火災海上保険（現・損保ジャパン日本興亜ホールディングス）で働きながら法政大学に通った。83年に社長に就任、その後会長。経団連の自然保護基金運営協議会会長を務めるなど環境問題に注力した。

1987年、ゴッホの名画『ひまわり』を約58億円で買った後藤氏。当時、その金額から批判が殺到したが、その価値を知る人たちからは、その快挙に拍手が起こっていたという。そのなかで円城寺次郎（日本経済新聞元社長）氏が後藤氏に伝えたのは、次のような言葉であった。

「『後藤さん、10年辛抱しなさい。10年辛抱すれば評価が変わりますよ』と言われたんです。つまり円城寺さんは、その時点で評価したんですね。それでも、10年かかると言われていたのが、実際には1年半で評価が変わったんです。世の中の反応というのは速いんですね」

当時、多くの名画を日本企業が購入したが、バブルの崩壊とともに海外へ流出していった。しかし、『ひまわり』は、今も東郷青児記念損保ジャパン日本興亜美術館で観ることができる。

（1999・1・26号）

031

怖れる勇気を持つ

# 怖いがゆえに、技術以上のことはしない。



植村直己

うえむら・なおみ（1941～1984）兵庫県生まれ。明治大学山岳部時代に山の魅力に憑りつかれ、登山家、探検家となる。日本人初となるエベレスト登頂や、世界初の五大陸最高峰登頂者となるが、84年北米大陸最高峰のマッキンリー山で消息を絶った。

植村氏が、会社再建の神様で登山家でもあった早川種三氏と対談した83年は、フォークランド紛争の影響により、南極最高峰登頂を断念した時であった。

その直前まで、南極での1年間の越冬生活を行っていた植村氏が、登山のむずかしさ、命がけの冒険についてこう語っている。

「怖いがゆえ、死にたくないがゆえに、自分の技術以上のことをやらないよう、自分に言い聞かせているんです」


（1983・春季特大号）

032

病が先生

# いいと思ったこと、正しいと思ったことはどんどんやれ、ということですね。だから、あんまりクヨクヨしない。



## 土方武

ひじかた・たけし(1915〜2008)岐阜県生まれ。東京帝国大学農学部卒業後、農林省に入省するも閥意識の強さから、同大学経済学部に入り直す。卒業後、住友化学工業(現・住友化学)に。その理由も関西系の住友化学ならば東大卒が少ないために、同級生の部下にならなくて済むという理由からだそう。77年社長に就任。その後、会長を務める。後に日本たばこ産業(現・JT)の会長にも就任した。

若き日に大病をすることで、得られることもある。住友化学の土方氏もその一人。どんなピンチも自然体でぶつかっていけるようになったそうだ。

「高等学校に入った年ですから、16歳の時です。それから、大学を卒業するまで微熱が取れず苦しみました。私が農学部に進んだのも、のんびりできるだろうから、という理由からなんです。青春時代にそういう経験をしましたから欲というものがなくなりましたね。

とにかく、いつ死ぬかわからんという状態でしたから、やりたいことがあってもできない。自然と、無欲ということが身につきましたね。だから、いいと思ったこと、正しいと思ったことはどんどんやれ、ということですね。だから、あまりクヨクヨしないんです」


（1986・新年特大号）

033

自分を信じる

# 自分の考えが
# まわりの見方と逆行している時のほうが、
# チャンスはあるんです。



## 三木谷浩史

みきたに・ひろし（1965～）兵庫県生まれ。一橋大学商学部を卒業後、日本興業銀行（現・みずほ銀行）に入行。その後、ハーバード大学大学院でMBAを取得。帰国後、阪神・淡路大震災に遭遇、起業を決意する。クリムゾングループを創業し、その後、エム・ディー・エム（現・楽天）を設立。現在は、代表取締役会長兼社長。

98年、当時はまだ楽天という名前でもなく、エム・ディー・エムというベンチャー企業であったが、すでに現在に至る道筋は見えていたようだ。当時、大企業が立ち上げたサイトに対して、このような辛口コメントを残している。

「ショッピングもエンターテインメントなわけですから、消費者は楽しくないとアクセスしないんです。新しいコンセプトで面白い店をつくれば、来てくれるのではないかと。大企業はインターネットビジネスに向いていませんよ。大企業はECを自動販売機だと思っているんです。並べておけば売れていくと勘違いしています」

まだネット社会の夜が明けてすぐだったため、反対する意見も多かったが、三木谷氏には確信があった。

「一般的な意見は『インターネットビジネスは厳しい』というものでしたから、証明してやろうと。こうなるだろうという自分の考えがまわりの見方と逆行している時のほうが、チャンスはあるんです。ちゃんとやれば成功するはずです」

答えは、消費者が出してくれた。

（1998・11・17号）

034

退路を断つ

# 負け犬になるのは死を意味する。



## 江副浩正

えぞえ・ひろまさ（1936〜2013）大阪府生まれ。東京大学教育学部心理学科卒業。60年、リクルートの前身となる大学新聞広告社を創業。学生向け就職情報誌、住宅情報誌などの媒体を立ち上げ、大企業に成長させる。89年、政財官界を巻き込んだ未公開株の譲渡事件で逮捕、起訴。晩年は執筆業や慈善事業に従事した。

東大の学生時代、赤字経営だった学生新聞を求人広告で黒字にした経験が、いまのリクルートの源流となっている。就職情報誌も住宅情報誌も、先見の明はあったが、その後、大手の参入が始まった。しかし、それが会社らしくなる契機だったようで、江副氏もライバルの存在が逆にありがたかったと述べている。

「会社らしくなったのは、(昭和)40年不況で苦労したあと、競争会社ができたことですね。〝負け犬になるのは死を意味する〟ということを意識し始めたのも、その頃です」

(1983・10・25号)

035

友を大事にする

# ネアカ　のびのび　へこたれず。



八尋俊邦

やひろ・としくに（1915～2001）東京都生まれ。東京商科大学（現・一橋大学）を卒業後、三井物産入社。79年社長、後に会長。経団連の副会長などを務めた。

右の言葉は明るく、ざっくばらんな人柄で財界でも人気だった三井物産の八尋氏のモットー。そんな八尋氏も、若かりし頃にゴム相場で大損を出した時は随分こたえたそうだ。しかし、それを救ったのはまわりの人たちだった。

「窓際族だからね。課長からヒラ社員に降格になり仕事はほとんどない。毎日、ただ新聞を読むだけ。それはもうつらかった。だけど、同僚や自分よりも若い奴、それから先輩たちとわりあいに幅広く付き合っていたからね、そういう人たちに助けられた。だからこそ再起できたと思うね。

その時培った粘りや対人関係で救われたことは、その後の自分にとってプラスになっていますよ」

（1994・7・12号）

036

徹底を貫く

# 当然のことながら、私財の提供もしてもらう。



## 中山素平

なかやま・そへい（1906〜2005）東京都生まれ。29年、東京商科大学本科（現・一橋大学）卒業後、日本興業銀行に入行。61年、頭取、68年に会長に就任した。山一證券の経営危機に対し日銀特融を提唱し、他にも日産自動車とプリンス自動車工業の合併、新日鉄の誕生など、日本の国際競争力の向上を支えた。

財界鞍馬天狗と呼ばれ、戦後日本の経済復興に尽力した中山氏。興銀の同期、日高輝氏の思い出を振り返っている。

「印象深いのは日産化学、山一證券、国際電信電話という3度の会社再建を、輝さんがものの見事にこなしたことである。いずれも私が副頭取、頭取時代にお願いしたものであるが、全身全霊をもってぶつかられた輝さんの努力があったからこそ、再建が成功したのである。それだけに仕事の仕方は厳しいものがあった。

例えば、山一の再建を引き受けるにあたり、当時の社長であった大神一さん、会長であった小池厚之助さんと輝さん、小林中さん、そして私が会談を持った。輝さんの言葉は『明日からあなた方は山一の経営には一切口を出さないように』という厳しいものだった。また『当然のことながら、私財の提供もしてもらう』と。

大神さん、小池さんとも自らの責任を痛感され、頭を深く垂れておられるところへ、まさに追い打ちをかける発言。これくらいの厳しさで臨んだからこそ、山一は当初の予定よりも早く、日銀特融の返済を終えたのだと思う」

（1987・11・10号）

037

芯をつくる

# 難局に直面した時、一番大事なことは、自分の心を統一させて、自分自身が迷わないこと。

## 瀬島龍三

せじま・りゅうぞう（1911～2007）富山県生まれ。陸軍大学校を首席で卒業し、戦時中は作戦参謀として様々な作戦を立てていた。戦後、シベリアに11年間抑留された。帰国後、伊藤忠商事に入社し、活躍。78年会長に就任した。山崎豊子氏の作品『不毛地帯』のモデルと言われている。

行政改革時には、土光敏夫氏を支える立場であった瀬島氏。土光氏の毅然とした態度から、彼を支えるものは何か、という話になり、法華経への信仰もあるのではないかという話になった。瀬島氏はそれに対し、こう語った。
「私は宗教というものは客観的に存在するのではなく、自分の心にあるものだと思っています。難局に直面した時、一番大事なことは、自分の心を統一させて、自分自身が迷わないことが大切です。それを宗教に求めるか、他の方法に求めるかは、個人の考え方や育ってきた環境によって異なると思います。しかし、人間というのは弱い動物だから、世界の歴史を見ると宗教に求めたといえますね」

（1982・11・23号）

038

敵に感謝する

# 男は敷居を跨げば7人の敵あり。



小佐野賢治

おさの・けんじ（1917〜1986）山梨県生まれ。海軍への自動車部品納入で財をなし、戦後、強羅ホテル、山梨交通を買収。47年国際興業を設立した。後の総理となる田中角栄氏と密接な関係を築いた。ロッキード事件で81年に実刑判決、控訴中の86年に亡くなった。

経済ニュースがあれば必ず名前があがり、「怪物」の名を欲しいままにした小佐野氏。田中角栄首相の盟友でもあった実力者は、叩かれて磨かれる男だった。

「(排斥されて、叩かれていることについて)自分自身がしっかりしていれば何でもないよ。そんなもの。『男が敷居を跨げば7人の敵あり』と言うんだから、敵があることも一つの励ましでありますよ。こんな世の中で競争は文化の花って言葉もあるように、叩いてくれる人があっていいんじゃないかね」

(1974・9月号)

039

運は見つかる

# 運の中には、計算された運もあると思うんです。

## 野村克也

のむら・かつや（1935〜）京都府生まれ。現役時代は、南海ホークス（現・福岡ソフトバンクホークス）の名捕手として活躍。通算成績2901安打、657本塁打を記録。引退後はヤクルト、阪神、楽天の監督を務めた名将でもある。

自らを二流、三流と認識して、一流にまで引き上げたのが、プロ野球の野村監督。運命だって確率をあげることは可能なのだ。

「ボクは南海に入団したから、いまのようになったと思うんですが、あれにはちゃんとした計算があったんです。ぼくは巨人ファンで、本当は巨人に入りたかったんです。（それがなぜ南海に？）テスト生のいいところは、どこからも誘いがない代わりに、どこのチームのテストも受けられるんです。

当時の巨人には、一年前に鳴尾高校（兵庫県）から入った藤尾茂さんがキャッチャーでいました。強肩、強打、しかも俊足と三拍子そろった人で、こちらがいくら頑張ってもかなわない。これじゃ、いくら入団したってレギュラーにもなれないとあきらめたんです。

それから、残り11チームのキャッチャーを調べて、年齢が30歳以上のところを探したんです。あの頃は、32、33歳が選手の限界ですから、それなら自分にもチャンスが回ってくるだろうと。それで残ったのが広島と南海でした」

（1982・7・13号）

040

ハングリーであれ

# もうだめだ、自分には金がある。



## 飯田亮

いいだ・まこと（1933〜）東京都生まれ。学習院大学卒業後、家業を手伝うが、62年に独立して日本警備保障（現・セコム）を設立した。現在は、取締役最高顧問。

セコムを起業した時に親に勘当されてしまった飯田氏。振り返ってみれば、それが良かったと言っている。

「当時は今と違って、ベンチャーキャピタルみたいな便利なものはありませんでしたから、銀行からお金を借りて来なければいけません。借りるにしても担保なんかあるわけない。それじゃ、どうやって銀行から金を借り出すか、ということについては、工夫をしないとお金は借りられませんし、自分が何か行動をしなければお客もついてくれません。ですから、お金がないとか無名だということは、実にいいことなんです。以前、米国の『ビジネス・ウィーク』誌に、〝あなたはまた何か新しい仕事をしたらどうか？〟と言われたので、こう答えたんです。『もうだめだ、自分には金がある』と」

（1997・春季特大号）

041

引き際をする

# ここまでと思ったら、桜の花が散るがごとくやめなくてはいけない。



## 春日野清隆

かすがの・きよたか（1925〜1990）東京都生まれ。本名は大塚清。38年、13歳の時に春日野部屋に入門。四股名は「栃錦」。十両昇進時に応召される。復員後、部屋に戻り、54年に第44代横綱に昇進、初代若乃花と「栃若時代」と呼ばれる黄金期を築く。引退後、74年に日本相撲協会理事長に就任した。

現役時代、「栃若時代」とよばれる黄金期を築き、協会理事長となってからも両国国技館を無借金で建てるなど、角界を引っ張り続けた春日野理事長が、引き際について語っている。

「私が横綱になったとき、先代（第27代栃木山）が『ちょっと来い』と言うから、『よかったな』と言ってくれると思っていたら、『横綱になってあとは何があるんだ』というんです。そういわれてもわからない。すると、『横綱とは追い付かれてやめるもんじゃないよ。自分の体調がわかるんだから、ここまでと思ったら、桜の花が散るがごとく、やめなくてはいけない。それまで倍以上の稽古をしなくてはもたないぞ』というんです。

先代は全勝してあっさりやめたんです。今だったらうるさいでしょ、マスコミが。『逆に何かあるんじゃないか』といって。昔はパーッとやめても、誰も何にも言わなかったんです。ですから、引退とは言わなかった。『勇退』と言ったんです」

（1986・5・20号）

042

振り返らない

# 前に道なし、過去に道ありき。

## 村井勉

むらい・つとむ（1918～2008）福岡県生まれ。東京商科大学（現・一橋大学）卒業後、住友銀行（現・三井住友銀行）入行。78年、東洋工業（現・マツダ）副社長として行き、再建。2年後、銀行に復帰し、今度は副頭取から朝日麦酒（現・アサヒビール）社長へ。樋口廣太郎氏とともに再建を成し遂げる。87年には、JR西日本初代会長就任と、幅広い業界で活躍した。

マツダ、アサヒビールを立て直し、JR西日本の初代会長まで務めた村井氏だが、自分の道を自分で決めたのは、学校を選ぶ時まであったという。難関だった住友銀行に入ったことも、兵隊へ行くことが決まっていたので嬉しくなかったのだそうだ。それでも、いつも明るく道を切り拓いてきたその考え方についてこう述べている。

「とにかく、その時その時を一生懸命生きることで、過去を振り返ったりすることはあまりしません。将来は変化が非常に激しいでしょう。想像つきませんわな。だから、『前に道なし、過去に道ありき』で振り返ってみたら道がついていますよ。

これからどういう道をたどるかわかりませんが、大きな流れのなかで今をいちばん大切にしよう、今に生きようというのが私のモットーなのです」

（1994・7・12号）

043

勝負を捨てない

# 息がある間は、最後の一発で相手を倒してやろうと、決して勝負を捨てない。



## 升田幸三

ますだ・こうぞう（1918～1991）将棋棋士。実力制第4代名人。広島県生まれ。13歳で棋士をめざし、木見金治郎門下となる。「新手一生」をモットーに輝かしい戦績を残す一方、棋譜と同じく既成概念にとらわれない生き方は人気を博した。

名人の言葉ほど心に刺さるものはない。プロについてもこう述べている。

「プロの第一条件は、その道に詳しいことだと思っています。素人よりも格段の知識があること。だが、詳しいだけではダメで志がなきゃいけない。教えてくれた先生や先輩、親以上に向上しようとしなきゃいかん。これをプロ根性と言う。

それだけに間違いがあっちゃだめで、そこでわかっておっても常に確認、点検をする。念押しですね。これに時間がかかるんです。

それからね、生命力です。夢がないのはいけない。あとね、執念がないと打開力が不足します。すぐあきらめてしまうんです。勝負師は窮地に追い込まれても、息がある間は、最後の一発で相手を倒してやろうと、決して勝負を捨てない。ですから、プロは勝負師でもなければならない」

（1980・10・28号）

# 第3章

# 自分を磨く

044

意見の相違を大事にする

# だいたい、意見がそっくり同じなら、二人の人間がいる必要はないんですからね。



## 盛田昭夫

もりた・あきお（1921～1999）愛知県生まれ。ソニー創業者のひとり。大阪帝国大学理学部卒業。戦争中に井深大氏と出会い、終戦後、東京通信工業（現・ソニー）を設立。トランジスタラジオやウォークマンなどでソニーを世界企業に押し上げた国際的経営者であった。

ソニーの原動力は、なんといっても井深氏と盛田氏のコンビだった。盛田氏自身もそれを認めている。性格は正反対で、仕事の上でも言い争いも多かったそうだ。しかし、その裏には信頼があり、ものの考え方は一緒であったという。

ソニーという会社のおもしろさは人にあった。5代目の社長である大賀典雄氏にしても、ソニーのテープを芸大に納品した時、先生からの評価は良かったものの、一人の声楽科の学生だけが、「ここがダメだ」と指摘した。しかも、それが技術的にもあっていたという。それが若き日の大賀氏だった。

ほかの会社では生きていけなくともソニーなら生きていける。それが、井深氏の理想でもあった。盛田氏は言う。

「井深さんも東芝を落ちたんです。井深さんも私も、大賀君もみんな変わり者なんですね。ほかにも変わり者はいっぱいいるんですが、そういう人たちが型破りでもいいから、生地で働ける会社にしたい、それがソニーの理想です」

（1983・4・26号）

045

不安を大事にする

# 不安があるから、人間が進歩しているわけや。

## 中内㓛

なかうち・いさお（1922〜2005）大阪府出身。神戸高等商業学校（現・兵庫県立大学）を卒業後、出征。戦後、ダイエーを創業し、日本のスーパーマーケット（GMS）を黎明期から支え、流通業界から初の経団連副会長に就任するなど業界の発展に寄与した。

流通業界の先駆者中内氏でも、いつも自信に満ち溢れていたわけではない。

「我々も自信があるようにみせとるだけでね。経営も一寸先は分からない。不安があるから、人間が進歩しているわけや。それがなくなりゃ仏さんで、死んでしまった方がいい」

続けてこう語る。

「練習と本番はいつも紙一重、裏表にあるわけなんや。サラリーマンでもそうだ。『いざとなったらやる』いうけど、あれは嘘や。毎日やっていない人間が、いざとなった時にできるはずがない。

だから、日常と非日常というか、本番と練習という区別なんかないんよ。いつも心構えは、その一瞬一瞬を大事にせんといかん。偉い坊さんも言うとる。

『過去もなければ未来もない。いましかない。ただ、いまこそ大事なれ』」

（1985・11・26号）

046

使命とする

# 自分は愚か者だが、神に、この仕事をやるために遣わされている。

## 速水優

はやみ・まさる（1925〜2009）兵庫県生まれ。東京商科大学（現一橋大学）卒業後、日本銀行に入行。その後、日商岩井に転じ社長、会長を務める。98年には古巣日銀の総裁に就任した。

総合商社、日商岩井（現・双日）の社長であった速水優氏も、職責の重さに苦しんでいたようだ。そんな速水氏の心のよりどころになったのが、キリスト教、神への宗教心だった。

「(休日には教会に行くことについて) 絶対者を前にして、解放されて、自分が裸になる。リフレッシュされるんです。仕事で行き詰っている時、裸にされた自分に対面するのは厳しいですね。しかし、そこで新たにされると、また希望も湧いてきます。

また、『自分は愚か者だが、神に、この仕事をやるために遣わされている』という思いがありますと、相手も同じだと思えるんです。そうすると、相手がどんなに偉い方であっても、自分と同じ立場で話ができるし、ビジネスの上でも少し余裕ができるんですね」

（1986・11・11号）

047

恩を忘れない

# 人の恩受けて
# ボタモチ一つ贈らねぇような男では、
# 人間的な価値はないよ。



## 岡田茂

おかだ・しげる（1924〜2011）広島県生まれ。東京大学を卒業後、東横映画（現・東映）に入社。プロデューサーとして「きけ、わだつみの声」をヒットさせる。その後も、時代劇、任侠映画など東映を大きく発展させた。

豪快で親分肌な東映の岡田氏は、義理、人情を大事にする人だった。

「マキノ光雄という、ぼくの大先輩が最盛期のころ、五島慶太さんに言われたというんだよ。『祖先を大事にしなければだめだ』と。ところが、よくわからなかったって言うんだ。『いや、私は父親の墓も大事にしています』って言ったら、『ばかやろう、そんなことじゃねえんだ。この会社をつくったのは、大川（博）の前の黒川だよ』と一喝されたんだそうだ。黒川渉三さんは東横映画をまさに潰しかけて放逐され、浪人しておった。『いま、お前は隆々たる専務取締役になった。ところが、黒川のところにはいっぺんもいってないそうだな。お前が今日あるのは、黒川がマキノとやるんだと言って、おれをだまして金をつくっていったからだよ。おまえ、黒川の恩を忘れて、東映の専務だっていばっちゃだめだよ』と言うんだな。

この一言は、ぼくにも応えたな。それで、マキノさんが体裁悪いから一緒に来てくれと、ウィスキー持っていった。やっぱり人間というやつは、世の中っていうやつは、人間的なつながりが基本なんだな。人の恩受けてボタモチ一つ贈らねぇような男では、人間的な価値はないよ」


（1974・4月号）

048

年齢はただの数

# 青春とは人生のある期間ではなく、心の持ち方を言う。

宇野収

うの・おさむ（1917〜2000）京都府生まれ。東京帝国大学卒業。その後、出征。戦後は、大建産業（後の丸紅・伊藤忠・呉羽紡績）に入社し分割後は呉羽紡績（現・東洋紡）へ移籍。その後、社長、会長に就任。関経連の会長を務めるなど、関西を代表する経済人であった。

右の言葉は、米国の詩人サムエル・ウルマンの『青春』という詩の冒頭の言葉。この詩に心奪われた宇野氏は、94年、アラバマ州バーミンガムにあるウルマン氏の邸宅を「サムエル・ウルマン記念館」としてオープンさせようと、この詩を愛する財界人らとともに動いた。その完成に寄せて、

「そもそもこの話は、昨年（93年）3月、アラバマ州日米協会から同記念館設立のため募金の依頼として私のところに届いた。そこで、ソニーの盛田昭夫会長、松下電器産業の松下正治会長らとともに発起人となり、すべての費用の半分（25万ドル）を同氏の『青春』の詩を暗誦する日本人に呼びかけて分担することにした」

最後に、宇野氏の訳による冒頭の部分だけ掲載させていただく。

「青春とは人生のある期間ではなく、心の持ち方を言う。薔薇の面差し、紅の唇、しなやかな手足ではなく、逞しい意志、ゆたかな想像力、燃える情熱をさす。青春とは人生の深い泉の清新さをいう」

（1994・7・12号）

049

研鑽を続ける

# 人を押しのけて社会に出てもだめで、周囲から推されてこそ本筋である。

## 石川六郎

いしかわ・ろくろう（1925〜2005）東京都生まれ。東京帝国大学第二工学部卒業後、運輸省（現・国土交通省）に。入省後、国鉄、その後、鹿島守之助氏の二女と結婚したことで、鹿島建設に入社。78年に社長に就任。その後会長。公職でも日本商工会議所会頭を務めるなど活躍した。

鹿島建設の社長、会長を務めた石川氏。二人の父上の稀にみる勉強ぶりを、こう述べている。

「一郎は経団連会長を70歳まで務めた後、原子力の普及に取り組みました。英語は自由でしたが、その頃からフランス語の勉強を始めて、85歳で亡くなるまでずっと続けました。人を押しのけて社会に出てもだめで、周囲から推されてこそ本筋であると常に話していましたね。

守之助も、非常に努力家でした。80歳まで長命しましたが、関心のあった世界政治の勉強を毎日続けていました。また、自分自身の勉強だけでなく若手の教育や育成にも取り組みましたね。自身の経営哲学に関しては頑固でしたが、現場の仕事は専門ではないと、社員に思い切って任せていましたね」

実父の石川一郎氏は、東大工学部の助教授から実業界に転身した初代経団連会長、岳父の鹿島守之助氏は鹿島建設の中興の祖であり、戦前はイタリアとドイツに駐在していた外交官だった。

（2001・4・10号）

# 050

## よく観察する

**ああ、こんな食べ方があるんだ。**

## 安藤百福

あんどう・ももふく（1910〜2007）台湾・嘉儀県生まれ。台湾と日本の貿易を行っていたが、戦後、焼け野原で「食」こそ文化の根本と痛感。以来、幾多の困難を経て、58年に「チキンラーメン」を発明。日清食品を発展させた。

世界で初めて即席めんを開発した安藤氏。その原体験は、戦後の焼け野原でラーメン屋台に多くの人が群がる光景だという。10年以上かかって発明した瞬間油熱乾燥法を応用した「チキンラーメン」は58年に発売され、いまも人気の商品だ。71年にはカップヌードルを発売、その裏にはこんな出来事があったようだ。

「カップヌードルは、米国市場でチキンラーメンのセールスに回っていた時に、ロサンゼルスのスーパーのバイヤーが、チキンラーメンを紙コップに割りいれてスープのように食べていたんですね。『ああ、こんな食べ方があるんだ』と感じたのが誕生のヒントになりました」

（1996・8・27号）

051

発想する

# ひとつは好奇心、もうひとつは問題提起。

## 磯崎新

いそざき・あらた（1931〜）大分県生まれ。東京大学工学部建築学科卒業。丹下健三に師事し、63年、独立。ポストモダン建築をリードする。大分県立大分図書館などで3度建築学賞を受賞。ほかにも西日本シティ銀行本店やロサンゼルス現代美術館など国内外で多くの作品を手掛ける。

建築家の磯崎氏が、クリエイティブであるために心がけていることがあるという。それが、これだ。

「クリエイティブな仕事をしていくには、私の場合は二点ですね。一つは好奇心。私は美術が好きで、その美術も古典を鑑賞するというのではなく、今動いている美術の潮流みたいなものを自ら探っていくことです。もう一点は、建築界を展望して今後どういう方向に向かいつつあるのかを考え、問題提起することです」

（1986・11・11号）

052

## 違う目を持つ

# ものは売ってやる、買わせていただく。

## 堤義明

つつみ・よしあき（１９３４〜）西武グループを築き上げた堤康次郎氏の三男。苗場や軽井沢のスキーリゾートや大磯ロングビーチなどを成功させ西武グループを隆盛に導いた。２００５年のインサイダー取引などで失脚したが、日本のスポーツ界への多大な貢献については高く評価されている。

西武グループの礎を築いた堤康次郎氏から義明氏が学んだことは、帝王学というよりは商人の子として商いを学んだのだそうだ。

「ひと言でいえば、モノは売ってやる、買わせていただく、ということなんですよ。『売るときは大いばりで売ってやれ』、つまり、お客さんのほうが頭を下げて買いにくるようなモノをつくれ、ということです。

一方、『モノを買うときはいいものを安く売っていただくんだ』ということで、頭を下げて買ってくる。売りと買いが逆なんですね。

これがうちのオヤジの哲学でした。もうひとつが、社員を大事にするということですね。挨拶の仕方とか人情味とか、家族主義で社員と苦楽を共にするという考え方でした」

（1982・1・12号）

０５３

光があれば陰もある

# 合理化がいちばん大事だと思うな。

鮎川義介

あゆかわ・よしすけ（１８８０〜１９６７）母は明治の元勲、井上馨の姪。実業家として活躍し、義弟、久原房之助の久原鉱業を立て直し、日産コンツェルンを形成。戦後も中小企業の育成や政治家として活躍した。

これは、62ページに登場していただいた鈴木治雄氏が、日産コンツェルンの総帥であった鮎川義介氏に教えられたことだという。

「『合理化はいいことだが、合理化が一番だということでやっていると自殺になる。自分自身もいることが無駄になっちゃって、自殺になっちゃう。だから合理化というものが一番大事だと思ってやっているとダメだ』ということを言っていましたね。

あの人は、非常に逆説的な言い方をなさるんですね。悪いことが起きればいいことだとか。他にも、『評判がいいということが知れ渡ってしまえば、寄付を頼まれた場合、断るに断れない。しかしケチで評判が悪ければそういった依頼はまず来ない。だから、いい悪いというのは2つの面がある』と」

（1982・12・14号）

054

和を大事にする

**長を与え、短を抑え、そして他人の長を取る。**
**これが、人生であり、**
**これができるのが人間なんですよ。**



福田赳夫

ふくだ・たけお（1905〜1995）群馬県生まれ。大蔵省に入省後、主計局長時に昭電疑獄に巻き込まれ退官。その後代議士に。10年後に無罪を勝ち取る。76年に内閣総理大臣に就任。晩年も政界のご意見番として活躍した。

「昭和の黄門様」こと、福田首相は大蔵省時代に昭電事件にまきこまれ、10年を棒に振っている。それだけに、人への優しさがあった。

「いまの日本に必要なのは、決して能力のある人ではないんですよ。それよりも、人のための奉仕を喜べる人。人と組み、全体の中の一員として活動できる人。本当の友人、仲間を持てる人が必要なんですよ。

長を与え、短を抑え、そして他人の長をとる。これが人生であり、これができるのが人間なんですよ。だから企業にあっても、すでに実証されているように、自分の利益だけを追求していたのでは、必ず行き詰ってしまうことになる。全体のため、社会あっての企業であることを心底、しかも常に念頭におかなければならないんですよ」

（1973・10月号）

055

謙虚でいる

# 尾張藩は大藩であるがゆえに、他藩から学ぶべきものは何もないという誇りを堅持して、時代に乗り遅れてしまった。

城山三郎

しろやま・さぶろう（1927〜2007）愛知県生まれ。海軍に志願し、特攻隊に配属。戦後、一橋大学を卒業後、地元愛知の大学で教えながら、作家活動を開始、63年より専念し、経済小説から歴史小説まで多くの名作を生み出した。

城山三郎氏が書いた『冬の派閥』（新潮文庫）は、尾張藩主である徳川慶勝と、最後の将軍の徳川慶喜という2人の指導者が対比されている。慶勝は人柄も良く、誠実で優秀であったが、タイミングを逸して明治維新の主役になれなかった。

城山氏は、それを情報の問題と断じている。

「尾張藩は大藩であるがゆえに、他藩から学ぶべきものは何もないという誇りを堅持していて、三百年間にわたって他藩への留学を一切禁止していたんです、それだけでなく、尾張領内を他藩士が通過する時も、藩士が接触することも禁じていた。その代わりに人材を採ってくればいいんですが、それもできない。大藩だから何も外から人を入れなくてもいいと言う考え方だった」

大企業病と重ねあわせたのかもしれない。

（1982・4・13号）

056

本物を目指す

# 時分の花が枯れてから、真の花が咲く。

## 浅利慶太

あさり・けいた(1933〜)東京都出身。慶應義塾大学在学中に「劇団四季」を結成。61年、日生劇場の制作営業担当の取締役に就任。日本初の本格的ミュージカル『ウエスト・サイド物語』やロングラン公演となる『キャッツ』など興行面でも成功をおさめ、現在も日本の演劇界をリードしている。

劇団四季の創設者のひとりで演出家の浅利慶太さんは演出について「装う」ことではなく、その人が本来持っている魅力を発揮させることだと言っている。

「中身のない人間には輝きはない。それと、世阿弥がいいことを言っています。それは、花めくという言葉を使っているのですが、『時分の花』というのがある。若い時は、持っている肉体的なものだけでも、非常に魅力的なものです。

しかし、その〝時分の花〟が枯れてから〝真の花が咲く〟と言っています。そこから芸術が始まるわけです。テレビのタレントの多くは〝時分の花〟だけを見せている。舞台というのは真の花です。修業の成果です」


（１９８４・３・１３号）

# 057

## 好きを見つける

**（料理に関して言うと）2つしかない。つくるのが好きになること。好きになってつくっているうちに楽しくなること。**



# 村上信夫

むらかみ・のぶお（1921〜2005）東京都生まれ。小学校を卒業と同時に家業の洋食店を手伝い、以後、西洋料理一筋。39年に帝国ホテル入社。57年からパリのホテル・リッツで修業を重ね、帰国後の70年より26年間料理長を務めた。テレビなどにも出演し、家庭に洋食をひろめるなど日本の食文化に大きく貢献した。

日本にフランス料理を広め、帝国ホテルの料理長を26年務めた村上氏。フランスに料理の勉強で行った時に、アンディ・ディジュールという先生に「料理が上手になるには、どうしたらいいか」と聞いたそうだ。そしてこのように言われたという。
「『2つしかない。つくるのが好きになること。好きになって料理をつくっているうちに楽しくなる』と言われたんです。確かにそういう面は大切だと思います。料理をつくる時は細かいところに気を使っていますから苦しみます。それでも料理が完成して、お客さんに喜んでいただければ本当に楽しいですね。そうなるには研究するよりほかにないです」

（1981・12・22号）

058

努力を重ねる

# 会社の名前や組織だけで売ろうとしても時代遅れだよ。

## 石田退三

いしだ・たいぞう（1888〜1979）愛知県生まれ。服部商店（現・興和）に在職中、豊田佐吉氏と出会い、豊田紡績（現・トヨタ紡績）に入社。その後、豊田自動織機、トヨタ自動車工業（現・トヨタ自動車）の社長、会長などを務め、トヨタ躍進の基礎を築いた。また、松下幸之助氏も学びに来たという。

トヨタの最後の大番頭と言われた石田氏。77年のインタビュー当時に、すでに89歳だった。この言葉にトヨタの原点が宿っている。

「(日産自動車の社長が石原俊さんに代わって勢いづいていると言われて)トヨタを追撃するという姿勢でなく、いい品物をつくって出すという考えでないとトヨタを追撃できませんよ。われわれだって、日産以上にもっと新しい車、もっといい車をつくるために、口では言えん苦労をしとるわな。会社の名前や組織だけで売ろうと思っても時代遅れだよ」

(1977・10・11号)

059

本質をつかむ

# 美しいものは丈夫であり、機能的である。

## 平山郁夫

ひらやま・いくお（1930～2009）広島県生まれ。東京美術学校日本画科を卒業後、東京芸術大学に奉職。後に、学長。日本はもちろん、シルクロードなどアジア諸国の文化財保護活動に尽力した。

「一道万芸に通ず」というように、どんなものでも本質は同じであり、究極的には「真・善・美」に行きつくと、平山氏は言う。

「茶碗が丸いことは、機能的に丈夫である。つまり、丸は力学的に一番丈夫で美しい。美しいものは丈夫であり、機能的である。逆に変な形で、不恰好なものは、機能は悪く弱い。これは真理なんですね。おそらく、円は木の幹の丸さから発見されたんだと思いますね。そこで、『真・善・美』ということをいっているんです。いい物は、よく、美しく、役に立つということですね」

（1987・12・15号）

060

問題意識を持つ

# カイコだけが絹を吐く。



## 扇谷正造

おうぎや・しょうぞう（1913〜1992）宮城県生まれ。東京帝国大学卒業後、朝日新聞社に入社。その後、出征。復員後、『週刊朝日』の編集長に就任、大幅に部数を伸ばすなど活躍した。朝日新聞社を退職後も、評論家として活躍した。

言葉の真意は「問題意識を持て」ということ。それをカイコで表現した扇谷氏。

「この地球上には何千何万もの昆虫がいるが、みな葉っぱや木の茎を食しているのに、カイコだけがやがて繭になって美しい絹をつくりだす。人間もまた同じで、ボケッと一生を送るものもいれば、社会になにがしかの貢献をする人もいる。違いは何か？　それは、問題意識を持っているかどうかだ。

ある消防官は、出勤時はいちばん近い道を通り、帰宅時は毎日通路を変えた。出火の場合、迅速に現場に到着せねばならない。あの道は工事をしている、このカーブは急だ。そういうことを毎日研究していた。

また、ある新入社員は経理部に配属された。仕事は接待の伝票の始末である。バカバカしいと思った。ところが、『待てよ』と思った。社用接待の流れ方、年別、月別をみていたら会社の重点をつかむことができた。

問題意識とは、この『待てよ』ということである」


（1982・4・13号）

061

健康でいる

# 健康であって初めて
# いいサービスができます。



## 犬丸一郎

いぬまる・いちろう（1926〜）東京都生まれ。慶應義塾大学卒業後、帝国ホテルに入社。その後、サンフランシスコ市立大、コーネル大学で学び、ウォルドルフ・アストリアで修業。帰国の後、86年社長に就任。97年に退任し、顧問。

120年の歴史を持つ帝国ホテルは、日本の迎賓館としていまもそのサービスを磨き続けている。親子2代にわたり社長を務めた犬丸氏がホテル経営の要諦を語る。

「一番大事なことは、やはり人です。これは、どんなに機械化されたとしても、お客様に接するのは人間以外の何ものでもないですから。

では、どういう風に人を育てるのか、についてては、企業にかかってきますね。

もうひとつは、健康状態を含めて社員が良い状態で、余裕をもってお客様に接することが大切です。健康であって初めていいサービスができますし、サービスの良い人間が余裕を持って接しなければいけません。そのために私どもは、業界で初めて週休2日制を取り入れたのです」

（1989・1・31号）

062

一皮むける

# 基礎、専門性、見識の広さが三位一体となって初めて「工（たくみ）」の字が形成される。



## 佐々木正

ささき・ただし（1915〜）島根県生まれ。38年、京都帝国大学卒業後、川西機械製作所（現・富士通）入社。取締役を最後に退社し、64年、早川電機工業（現・シャープ）入社。副社長、顧問を歴任。電卓をはじめとする研究技術開発に一貫して取り組み、シャープを日本有数の家電メーカーに育て上げるとともに、日本の半導体産業の礎を築いた。

日本の半導体産業の礎を築いた佐々木氏が、技術者の矜持を述べている。

「技術者の目指すところは世の中の役に立つ研究を行うことにほかならない。それが工学の『工』の字に見事に表されているのではないかと私は考えている。

『工』の字を分解すると3つに分けられる。下の横棒は基礎を表す。国語や数学、物理、哲学、宗教学、といった基礎教育である。その上に成り立っている専門性が縦の棒である。土台である下の棒が堅固でなければ、専門性も育たない。そのため、下の横棒と縦の専門性が非常に大事にされてきた。

しかし、これでは『工』にならない。工になるには、もう一本、上の横棒が必要になる。これが見識である。広い見識が無ければ技術者は『技術屋』で終わってしまう。少なくとも人の上に立つには、この見識の広さがないと務まらない。基礎、専門性、見識の広さが三位一体となって初めて『工』の字が形成される。それが『工（たくみ）の精神』だと私は考える」


（1999・8・17号）

063

友を助ける

# 結局、人に対する情熱なんですね。



## 樋口廣太郎

ひぐち・ひろたろう（1926～2012）京都府生まれ。京都大学経済学部を卒業後、住友銀行（現・三井住友銀行）に入行。副頭取に昇進の後、アサヒビールの社長に就任。「スーパードライ」の大ヒットで会社を復活させた。

住友銀行の副頭取から、当時10％を割るシェアだったアサヒビールへ行くことになった樋口氏。その脳裏には先人たちの姿が浮かんでいたようだ。

「私が（アサヒビールの再建）をやりたいと思うようになったのは、因縁なんですね。石坂泰三さん、小林中さん、そして私がお仕えした堀田庄三さん、この3人がアサヒの相談役だったんです。それに山本為三郎さんを交えていいビールをつくろうという議論を聞いたんです。その帰りに、今も忘れもしませんが石坂さんの秘書の岩田（弐夫・後の東芝社長）さん、小林さんの秘書の水野（惣平・後のアラビア石油社長）さんと私の秘書同士で『あの人たちのビールづくりへの情熱はなんだろう』と。ものすごい情熱を持っていたんですね。

結局、私なりに解釈すると、人に対するパッション、情熱なんですね。例えば、石坂さんはアラビア石油で山下（太郎）さんが非常に苦しんでいる時に、『俺が出ていこう』と社長になったし、小林さんは人知れずいろんなことをやりました。そういう他人に対する熱情がある人は何かオーラを発していたんです」

（1995・夏季特大号）

064

一生の友人を持つ

よき先輩と良き友人のある限り、
この人生に絶望することはない。



# 佐藤正忠

さとう・せいちゅう（1928〜2013）秋田県生まれ。明治学院大学中退。作家を志し山岡荘八の弟子となるが断念。その後、リコー創業者の市村清の秘書となり、多くの財界人の知遇を得る。その後、独立しフェイス出版（現・経済界）を創業した。

経済界の創業者である佐藤正忠は、多くの経営者を見てきたが、大成する人には必ず導いてくれる人がいたといっていた。

「私は人と人の出会いを大切にしたい。そして、それを大事にしてゆきたい。そこから初めて、実り多い人生が開けるのではなかろうか。

よき先輩とよき友人のある限り、この人生に絶望することはない。人生に蹉跌し、再起できない人を見ると、そのほとんどが、よき先輩やよき友人に恵まれていない。たとえ一時期、人生につまづいても、よき先輩やよき友人たちがいれば、必ず再起できるだろう。このよき友人たちとの縁もふとした出会いではじまる。

出会いを大切することから人生ははじまる」


（1973・3月号）

# 第4章

# 人を導く

065

## 師事する人を持つ

**どういう人に師事するか、**
**どういう友人を持つかで、**
**その人の一生は決まる。**

## 水野成夫

みずの・しげお（1899～1972）静岡県生まれ。東京帝国大学法学部を卒業後、日本共産党に入党するが、後に転向。その後、国策パルプの設立に関わり、戦後は文化放送の社長就任を皮切りにメディア業界に進出。57年にフジテレビジョンを設立し、翌年、産経新聞も買収、フジサンケイグループの基盤をつくった。

「心の底から師事できる先輩を1人か2人持ち、また兄事できる友人を3、4人もつことだと思うんだ。どういう人に師事するか、どういう友人を持つかということで、その人の一生が決まるともいえる」

これは、フジサンケイグループの礎を築き、財界四天王の一人として知られる水野成夫氏の言葉。その水野氏も先輩から多大な影響を受けてきた。水野成夫氏が兄事したのは宮島清次郎氏（代議士・日清紡社長）、小林一三氏（阪急グループ総帥）、松永安左エ門氏（電力会社の生みの親）の3人。

また、産経新聞を引き受ける時にも、正力松太郎氏から「重要なことは自分ひとりで決めるべきだ」という言葉を贈られている。正力氏が大正13年に読売新聞を任されたとき、「役人上がりの素人に何ができるか」といわれた経験を踏まえての助言だそうだ。

（1975・8・10号）

066

人間を磨く

# まずは、人になれ。

## 佐橋滋

さはし・しげる（1913〜1993）岐阜県生まれ。37年、東京帝国大学卒業後、商工省（現・経済産業省）入省。その異色官僚ぶりはつとに有名で、次官時には「佐橋大臣、三木（武夫）次官」とまで言われた。城山三郎の小説『官僚たちの夏』の主人公のモデルとしても有名。

時代は変わろうと、人間は何千年来同じだという佐橋氏。生きていくために守らなきゃいけないこと、例えば、しつけみたいなものが失われかけていると危惧していた。教育についても、このように語っている。

「われわれも東京大学を目指すなんてつまらん風潮を失くして、好きな勉強を思い切りやるようにすればいいんだ。幸田露伴は『偉くなれ、という教育はよくない』と言っておる。本当に偉い人のポストはいくつもない。1億人が偉くなりそこなっちゃうじゃないか。それじゃいい世の中はできない。偉くなるより立派な人になれ、立派な人になる前に、まず人になれ、これが教育の基本だね」

（1980・3・11号）

067

バランスが大事

# 働くことがそんなに尊いのなら、馬は人間より偉大である。



## 中川順

なかがわ・すなお(1919〜2010)慶應義塾大学卒業。戦後、日本経済新聞に入社し、政治記者、経済記者として多くのトップ記事をスクープ。経済部長、編集局長、常務を経て、東京12チャンネル(現・テレビ東京)専務に。社長に就任後、累積赤字を一掃し、「中興の祖」と評された。

テレビ東京の社長であった中川氏。経済成長の話から、二宮尊徳の勤倹節約も、戦後の「消費は美徳なり」も、ともにバランスが大切だということをユーモアたっぷりにこう話している。

「日本人は働くことが、すべてというところがありますね。こんなことわざがある。働くことがそんなに尊いのなら、馬は人間より偉大である。働くことは大事なんだけれど、カネが目的になってはダメじゃないですか。人生と言うのは生活を楽しむところがある。楽しむために働く、働いた後に楽しみがある。ですから、日曜日というのは楽しいですよね。7日ごとに休日があるなんて、神様はうまいつくり方をした。ところが、毎日が日曜日なら困ってしまう（笑）」

（1982・5・11号）

# 068

好きを見つけよ

女性の心をつかむことは
努力したってできるものではないんですが、
僕は女性が好きなんですよ。

## 渡辺淳一

わたなべ・じゅんいち（1933〜2014）北海道生まれ。作家、医学博士。小説だけでなく、エッセイなど多くの優れた作品を残した。『失楽園』は映画やドラマ化され、社会現象にもなった。

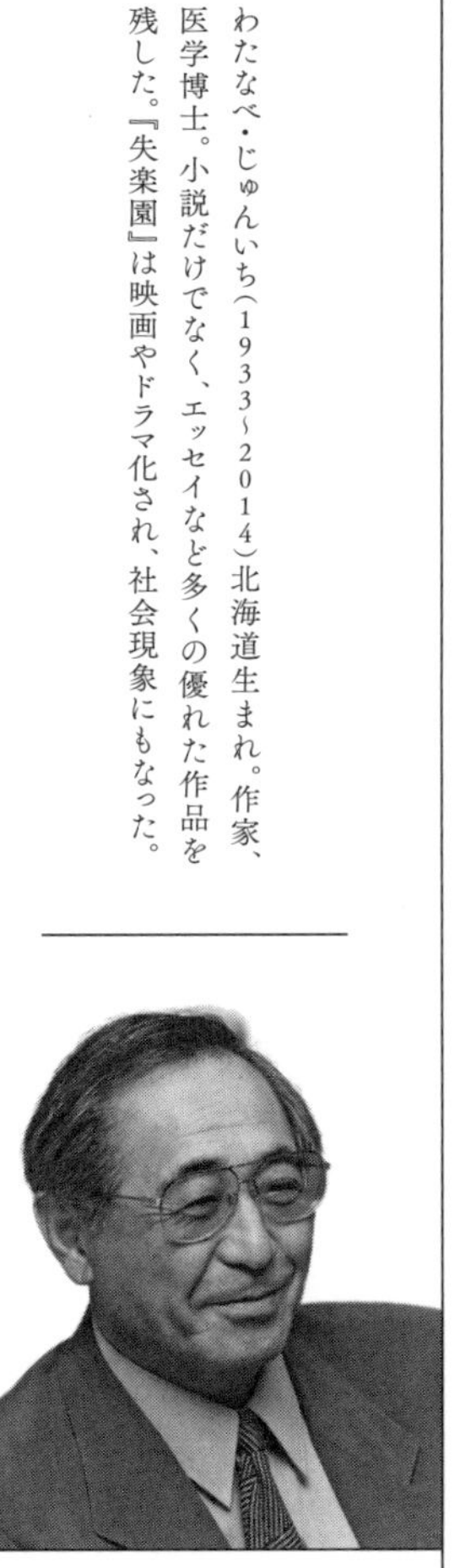

女性を描かせたら、渡辺先生の右にでるものはいない。それもそのはず、大好きだから細かなディテールも見逃さないのだ。

「女性の心や人の心をつかむことは努力したってできるものではないんですが、僕は女性が好きなんですよ。だからとても関心がある。いろんなことを聞いたり感じたりするのが好きなんです。女という怪しくて、分からなく、困る存在が好きなんですよ。好奇心があるんです。

僕は叱ったり、ヒステリーを起こす女性の言い分を結構本気で聞いているんですよ。そのメチャクチャな論理に感動しているわけです。時々メモを取ったりしているとますます怒られるんですがね（笑）」

（1992・9・29）

069

違いを生かす

# 一流の人間を集めて商売をしない。二流、三流の人を集めて一流の仕事をさせる。

## 藤田田

ふじた・でん(1926~2004)大阪府出身。東京大学卒業。東大在学中に輸入雑貨販売店、藤田商店を設立。マクドナルドだけでなく、「トイザらス」の日本法人を立ち上げるなど、カリスマ的な経営者であった。

日本にマクドナルドを持ちこんだ藤田氏は、その大胆な発想と、明るい人柄で多くの人を魅了した。藤田流の人を使うコツがこれだ。

「たとえば、総合商社なんかで、一つの課の全員が東大出身のようになっているのは人材の無駄遣いだよ。学校で人を判断してしまうのはまちがいだけど、東大出身なんて一人いればいい。石垣と同じで、石垣を造るときに大きな石ばかりでは造れませんよ。大きな石と小さい石を組み合わせてできるわけでしょう」

（2000・4・11号）

070

個性を見てあげる

# 歩も香車も桂馬も飛車も、それぞれ違う役目を持っている。みんな歩とか、みんな飛車でも困る。



## 関本忠弘

せきもと・ただひろ（1926〜2007）兵庫県生まれ。東京大学理学部を卒業後、日本電気に入社し研究で大きな成果を上げた。80年社長に就任。その後会長。公職でも経団連評議会議長などを務めた。

ＮＥＣの社長、会長を務めた関本氏は、若いうちに物理の天才に出会い、とてもかなわないと方向転換したという。だから、若い人に向けてこんな言葉を残している。
「素質という問題では、私は超すに超せないものがあると思うんです。もちろん、努力はしなければいけないけれど、努力したからって全員が３割バッターにはなれない。だから、我々が能力を発揮する適所を見つけ、そこでチャレンジしてほしいんです。歩も香車も桂馬も飛車も、それぞれ違う役目を持っている。みんな歩とか、みんな飛車でも困る。そういう人の和を大事にしたいんです」

（１９８１・１０・２１号）

# 桃太郎の話は科学の発達した現代でも貴重だと思うんです。

## 梁瀬次郎

やなせ・じろう（1916〜2008）東京都生まれ。慶應義塾大学卒業後、父、梁瀬長太郎が創業したヤナセの経営を引き継ぎ、自動車輸入で最大手にまで発展させた。04年には日本人で5人目となる米国自動車殿堂に選ばれている。

輸入自動車ヤナセの2代目社長であった梁瀬氏が、商売は攻守のバランス、人間の組み合わせが大事だと述べている。

「最近、伊藤忠商事の瀬島（龍三・当時相談役）さんからお話しを伺って非常に感銘を受けたのは、『長い歴史の上で、攻めだけで勝った戦はない。戦いは攻めと守りのバランスです』。これはそのまま実業界、経済界に当てはまるんです。

また、小学校で習った桃太郎の話がありますね。鬼が島に鬼征伐に行くとき、犬と猿と雉を家来に連れて行った。あの物語は科学の発達した現代でも貴重だと思うんです。と、いいますのは、忠誠心が強い犬、機知にとんだ猿、情報を集める雉の組み合わせです。会社でも3人の部下を配する場合、この3つの要素を組み合わせに持つようにしているんです。そうしますと、あまり失敗せずに仕事ができると考えています」

（1982・2・23号）

072

見えない部分に目を向ける

# チームは控えから崩れる。



## 星野仙一

ほしの・せんいち（1947〜）岡山県生まれ。明治大学卒業後、中日ドラゴンズ入団。闘志あふれるピッチングで、巨人戦にめっぽう強かった。通算成績は146勝121敗34セーブ。監督としては、中日、阪神、楽天を指揮。4度優勝し、楽天時代に日本一になっている。

プロ野球の名監督のひとりである星野監督。チーム浮沈のカギは、控え選手が握っているのだという。

「チームが悪くなるとき、それは控えからなんです。控え選手の不平不満がチームのムードを壊すんです。（中略）レギュラーはほっておいても働く、目を向けなくてはならんのは、もう一つ下の、縁の下の力持ち的存在の選手」

（1983・10・11号）

073

姿勢で示す

# 私はこの会社に命を懸けているんだ、ということを見せなきゃだめだね。



## 石原俊

いしはら・たかし（1912〜2003）東京都生まれ。東北帝国大学卒業。元日産自動車社長、会長、日本自動車工業会会長。社長就任後、貿易摩擦を避けるために、海外へ積極的に進出したがうまくいかなかった。財界活動でも経済同友会の代表幹事を務めるなど活躍した。

石原氏は、社長在任中に労働組合問題で苦労しただけに、トップの姿勢にはことのほか気を使ったようだ。

「テクニックを使わないで、私はこの会社に命を懸けているんだということを周囲の者に見せなければだめだね。口で言ったって駄目だな。『お前ついてこい』といったって、ついて来るかどうか。『あれ、社長どこへ行くの』ってなもんだね」

（1987・新春特大号）

074

人への興味

# 〝人を知る〟ことが大切ですね。



## 小林陽太郎

こばやし・ようたろう（1933〜2015）ロンドン生まれ。慶應義塾大学卒業後、ペンシルバニア大学ウォートン校でMBA取得。帰国後、富士写真フイルム（現富士フイルム）に入社。その後、富士ゼロックスに転じ、78年、44歳で社長に就任。その後会長などを歴任。経済同友会代表幹事や国際大学理事長なども務めた。

富士ゼロックスを長年率い、経済同友会の代表幹事などでも活躍した小林陽太郎さんは、リーダーシップに関して、『リアル・チェンジ・リーダー』（講談社）を紹介している。

「トップの資質もさることながら、大切なのは真に変革を起こした人たち、つまりリアル・チェンジ・リーダーが組織の中にいたということなんです。そういう人たちの特徴がまた面白くて、まず目立たない。目立たないんですが、ユーモアのセンスに富んでいる。それから周囲の人への配慮に長けているんです。

もっと面白いのは、米国はトップに行くにはMBAを持っていることが重要なんですが、この人たちはMBAなんか持っていないんです。なぜかというと、MBAの考えることは大体分かるというんです（笑）。それよりは文化人類学のほうが面白いわけです。ということは米国でも〝人を知る〟ということが大切みたいですね」

（1998・9・8号）

# 075

生きる意味を考える

# 自分が何者かを考えたほうがいい。



## 福原義春

ふくはら・よしはる（1931〜）東京都生まれ。資生堂の創業者である福原有信の孫にあたる。慶應義塾大学を卒業後、資生堂に入社。国際部長などを経て、87年社長、その後、会長を務め、現在は名誉会長。企業メセナ活動を日本で広めたひとりであり、文化や芸術と企業の橋渡しをした。また、趣味の蘭の栽培は有名。

資生堂の名誉会長である福原氏は、若者へ生きる技術も大事なことだが、それを使う意味について考えるべきだと言っている。

「私自身も年を取って、お説教みたいなことをやりたがる歳になってきたんですが、『自分自身が何者かを考えたほうがいいよ』といつも言うんです。自分は何ができるのか、何ができないのか。オールマイティでできる人はいないんです。社会のなかの自分ですから、等身大の自分は社会に対していったい何をすべきか、何で役に立つことができるのかが、だんだんわかってきます。それは、組織の中でも同じです。

人間というのはホモサピエンス、考える人だというレッテルが貼られています。そこで考えてなくてはならないことは、生きる技術と生きる意味を分けて考えることです。ところが、最近は生きる技術だけをどんどん身につけているような気がします。MBAとかバイリンガルといった生きる技術も大事なんだけれども、その技術を何のために身につけているのか。社会のためにどれだけ自分ができるのかということを考えないといけませんね」

（2000・4・11号）

# 076

## 基本だけを叩き込む

# 教えることには限界があるんですよ。



## 北島忠治

きたじま・ちゅうじ(1901~1996)新潟県生まれ。26年、明治大学政経学部を卒業後、ラグビーに魅せられ再入学。3年後、卒業と同時にラグビー部監督に就任。以来67年、生涯に渡って監督を務めた。

「前へ」で知られる日本ラグビー界の功労者である明大ラグビー部の北島監督。人を育てることをこのように語っている。

「他のスポーツでもそうでしょうが、ある時期までは教えることができても。そこから先は自分でやるしかないというときが必ずあるんですよ。まわりの指導ではどうしようもないときが……。例えば、コースの取り方ひとつにしても慶應と早稲田の場合では違ってくる。それを固定的な技術だけ身につけてしまうと、今度は柔軟性のある臨機応変のプレーができなくなってしまう。むやみに教えるよりは基本プレーだけしっかり叩き込んでやりさえすれば、後は高度な技術も実戦で覚えられる。

僕としては、『オールフォアワン・ワンフォアオール』だけをしっかり身につけてくれればと、思っているだけですよ」

（1983・3・8号）

077

道理を知る

# 満つれば欠ける、世のならいだよ。



## 本田宗一郎

ほんだ・そういちろう(1906~1991)静岡県生まれ。本田技研工業の創業者。二輪から四輪への進出を決断するなど、戦後を代表する経営者。

当時、69歳の本田宗一郎氏は、一生のうちにいい時も悪い時も必ずめぐってくる。だからジタバタしてもしょうがないよと若者に優しく語りかけている。それが右の言葉だ。加えて、このようにも言っている。

「不況だ、不況だ、と騒いでいるけど、この世の中に、景気、不景気があるのは当たり前のことなんだ。振り子が右に振れれば、次は左にゆれる。それでダンダン良くなるんだよ。ぼくに言わせれば、悪くなったからといって慌てるのは本来おかしいんだ。よく『治にいて乱を忘れず』というけれども、不況で騒ぐことより景気の良いときに何をやったかが、問題だ」

（1975・12・10号）

078

まずは隣人を愛せよ

# 人を愛し、国を愛し、勤めを愛す。



## 市村清

いちむら・きよし（1900〜1968）佐賀県生まれ。中央大学専門部を日中合弁の大東銀行に就職するために中退し、中国に赴任。その後、紆余曲折を経て理研感光紙株式会社を創立。戦後、リコー、三愛、三愛石油、日米コカ・コーラボトリングなどの巨大グループを築いた。

リコー・三愛グループの創業者である市村氏は、右にある三愛主義を掲げた。その言葉を新入社員にわかりやすく伝えたメッセージが残っている。

「わたしは、つぎのような点をお願いしたいと思っている。

まず、三愛主義を全うしてほしいということだ。この三愛主義というのは、いかにもむずかしそうな、時代錯誤を感ずるような言葉だが、事実はそうではない。

つまり、いちばん身近な隣人を愛し仕事を愛していれば、それはひいては国家の繁栄にもつながり、国を愛するということになるわけだ」

（1965・5月号）

# 079

## できることからやる

**「小さいこと」は、今すぐできること。**
**「大きいこと」は、今すぐにはできないこと。**

### 徳増須磨夫

とくます・すまお（1923〜2008）兵庫県生まれ。50年、東京大学法学部を卒業後、住友海上火災（現・三井住友海上火災）に入社。選んだ理由は叔父（大平賢作氏＝当時会長）がいたためで、大蔵省をソデにしての入社だった。79年、56歳の若さで社長就任、その後会長を務めた。

二宮尊徳の教えに「積小為大（せきしょういだい）」という言葉がある。その言葉を徳増氏は、こう解釈している。

「『積小』とは、文字通り小さいことを積み重ねる。『為大』とは、大きいことを為す。つまり小が積み重なって大を為すということであるが、これだと『ちりも積もれば山となる』という古めかしい教訓と同じになってしまう。

そこで発想を転じて、『小さいこと』は、今すぐできること。『大きいこと』は、今すぐにはできないこと。このように言い換えたい。人は今すぐできることから始めるのに抵抗は少ない。力まずに誰でもやれそうだ。そうして進めていくうちに、ちょうど池に投げられた小石の波紋がどんどん広がっていくように、いつしか当初思いもよらなかった大願が成就しているだろう」

（1999・3・9号）

080

助けるべき人

# 逆境の人に対しては、調子のいい人の三倍尽くしなさい。



## 美川英二

みかわ・えいじ（1933〜1999）大阪府生まれ。高校時代からラグビーを始め、慶應義塾大学在学中もフランカーとして活躍。オールジャパンにも選ばれる。卒業後、横河電機入社。93年、社長に就任。99年、急逝した。

ラグビー日本代表にも選ばれたことがある美川氏は、明るく、豪快であると同時に人を立てる人であった。その美川さんが営業の極意をこう語っている。

「よく言われることですが、ものを売ることではないですね。自分を売ることです。そして、自分を信用してもらうことです。いくら製品を買ってくださいとお願いしてもだめですね。

私はよく言うんですが、平素のお付き合いが大切なんです。うちの社員には、逆境の人に対しては、調子のいい人の三倍尽くしなさいと言っています。人間は流れの中で、ある時期ラインからはずれたりする人もいます。そういう人に対して逆にきちんと対応しなさいと。そうすれば、その人がまたラインに戻ったときに、あいつの言うことなら無理も聞いてやろうかという気になってくれると思うんです。

セールスというのはあくまで誠心誠意が大事です。私は、お客さまから頼まれたら、できることは120％やろうと努力をしているつもりです」

（1996・新年特大号）

081

先生はチャップリン

# 言うなれば私はチャップリンに経営管理論を学んだんです。



## 若原泰之

わかはら・やすゆき（1926～2005）岡山県生まれ。明治大学卒業後、朝日生命保険に入社。社長、会長を務める。経団連でも「1％クラブ」の会長を務めるなど、社会貢献活動を行った。

経団連には「1%(ワンパーセント)クラブ」という、経常利益などの1%を社会貢献に役立てようという有志の会がある。その活動を熱心に取り組んだのが、若原氏。この姿勢もまた映画から学んだものであった。

「学生時代にチャップリンの『モダンタイムス』を見ました。当時、経営管理論を学んでいまして、導線を短くすることといった科学的手法だけの経営管理論を我々は教わっていたのです。とくに、テーラーの科学管理法というものを習っていましたが、これは要するにフォードシステム、流れ作業こそが最後の完成された経営管理だったんです。ところが、『モダンタイムス』を見ていますと、それを風刺したんだと感じたんです。ベルトコンベアーの上にある部品を流れ作業で組み立てているんですが、資本家は生産性を上げるためにコンベアーのスピードを上げる。そうすると、作業が追い付かなくなり不良品が出てしまい、この不良品を臆面もなく社会に出してしまう。大きな歯車のなかにチャップリンが巻き込まれるんですが、あれは資本という科学的な生産管理を批判したものだとそのとき思ったんです。言うなれば私はチャップリンに経営管理論を学んだんです」

(1997・11・4号)

082

先人に学ぶ

# 人間として尊厳あるように一日を過ごすことがどんなにすごいことか私にはわかっていたから『八月の鯨』がものすごく響いたんです。

## 高野悦子

たかの・えつこ（1929～2013）旧満州（現・中国東北部）生まれ。日本女子大学卒業後、東宝に入社。その後、パリ高等映画学院監督科に入学。帰国後、衣笠貞之助監督の助手やテレビドラマの脚本などを行う。68年、岩波ホール創立と同時に総支配人に就任。97年からは、国立フィルムセンター初代名誉館長も務めた。

岩波ホールの総支配人であった高野氏は、映画を通じて様々なことを学んだという。自分の母親の看病を長年したこともまた、教わることが多かったと述べている。

「そういう看病をしていたから『八月の鯨』という作品なども私には輝くような映画に見えたんです。30年前の私だったら、心に響いたかどうかは分かりません。だけど、母を毎日看病していたので、一日一日を一生懸命生きるということが、どんなに大変なことか。そしてそれを美しく飾るのではなくて、人間として尊厳あるように一日を過ごすということがどんなにすごいことか、私にはわかっていたから『八月の鯨』がものすごく響いたんです」

（1997・11・4号）

083

才能と努力

# 才能が50で、努力が30、まじめさが20でしょう。



## 永山武臣

ながやま・たけおみ（1925〜2006）東京生まれ。京都大学経済学部を卒業後、松竹入社。一貫して演劇部門に携わり、84年に社長、91年に会長に就任。現在に続く歌舞伎の発展に貢献した。

今となっては考えにくいが、30年ほど前、歌舞伎座はお客さんの入りが悪く苦労したのだそうだ。その厳しい時代を支え続け、いまの隆盛の礎を築いたのが永山氏。若き頃には、創業者のひとり大谷竹次郎翁の薫陶を受けたという。

「私が入社して一週間目によばれたことがありまして、『オイ、ネキにおいで』というんです。〝ネキ〟というのはそばという意味なんですね。で、そばに行きますと、『お前は普通の社員と違う。絶対に嘘をつくな。正直であれ』というんです。

私が配属されたのが監事室という舞台を見る役目だったので、大谷会長も毎日観に来るものだから顔を覚えられたんでしょう。会長は、芝居即人生、というような人で劇場が自分の家のようでしたね」

そんな大谷翁から教えを受け、長年役者さんを見続けてきた永山氏に成功するには努力か、天分かを尋ねている。

「天分、努力にまじめさも必要でしょうね。才能が50で、努力が30、まじめが20でしょう。あるいは仕事に対する責任感、まじめさが30かもしれない。人間が大成するには、まじめさがないとだめですね」

（1986・2・4号）

# 第5章

# 社会へ還す

0 8 4

厚意を繋ぐ

# その金は約束どおり返しちゃおらん。



## 出光佐三

いでみつ・さぞう（1885〜1981）福岡県生まれ。神戸高等商業学校（現・神戸大学）卒、酒井商会に勤務後、11年に出光商会を創立。40年、出光興産を設立し社長に就任。日本的な和と人間尊重の経営を行った。

軽井沢にある、哲学者・鈴木大拙氏の別荘は、出光氏が世話をしたものだったそうだ。そこには、ある想いを繋ぐエピソードがあった。

「いや、あの別荘にはいろいろ、いわれがあるんだ。私が初めて独立して、自分の店を持つとき郷里の家が破産して、資金がなくて困っておった。そのとき、神戸の近所に住んでいた日田重太郎という人が、突然『俺は京都に別荘を持っているが、それを6千円で売って、お前にやろう』と言い出した。『返しちゃいかん、俺は商売なんかに興味はないし、報告もいらない。ただお前は、その金で親孝行をして、兄弟仲良く、そして初志を一貫してつらぬけ。それだけが条件だ』

その金で私は店を出すことができたんだ。いわゆる陰徳の人だったと思う。その金は約束どおり返しちゃおらん。ただ、日田さんの奥さんが亡くなられるまで、2、3年、毎年、あの軽井沢の別荘に、夏、来ておられた。そのあと、隣の寮に来ておられた鈴木大拙先生が、その別荘に入られた。だから私は、あの別荘に〝聖の家〟と名付けて、俗物は入れんつもりでいる」

（1967・5月号）

085

井戸を掘る人

# 全日空の経営は自分でなくともできるが、日中問題は国家の将来にかかわる問題であり、自分に代わる者がいない。



## 岡崎嘉平太

おかざき・かへいた(1897~1989)岡山県生まれ。東京帝国大学卒業後、日本銀行に入行。その後、上海で華興商業銀行を設立、終戦も上海で迎えた。戦後、池貝鉄工、丸善石油(現・コスモ石油)の社長を務め、その後、全日本空輸の前身、日本ヘリコプター輸送の設立に参画。日中の国交回復に多大な貢献をし、回復時に「井戸を掘った人」とたたえられた。

経営者は社会のリーダーでもあると、改めて思わせる言葉で、とくに戦争を経験した経営者は、いつも国の未来について考えていた。

社長在任中に事故が起こってしまい、時の総理からも「日中問題ばかりやっているから事故を起こすのだ」と叱責されたが、「株式会社の役員人事は株主が決める」と突っぱね、日中問題と全日空のどちらを選ぶのかという新聞記者の質問にもこのように言い切った。

「全日空の経営は自分でなくともできるが、日中問題は国家の将来に関わる問題であり、自分に代わる者がいない」

（2015・4・21号）

086

社会に還す

# ソロバンを外してもらいたくないが、
# 儲ける必要はない。



## 弘世現

ひろせ・げん（1904～1996）東京都生まれ。三井合名理事の成瀬隆蔵の6男として生まれる。東京帝国大学を卒業後、三井物産入社。日本生命の創業家である弘世家に入り、44歳の時に日本生命に転じた。長きに渡って社長を務め、生保業界の重鎮として活躍した。

日本生命が、東京・日比谷に日生劇場をつくったのは、63年のこと。たまたま、新しい演劇のために劇場を欲しがっていた2人の青年（浅利慶太氏、石原慎太郎氏）を知り、任すことにしたという。日生劇場への期待をこう述べている。

「高い芸術性を持つものを。ソロバンを外してもらいたくないが、儲ける必要はない。儲けたら、年に一度やそこら、ソロバン抜きで思い切って意欲的な仕事を」

そして、もうひとつ弘世氏には夢があった。昔、有楽座（関東大震災で焼失）で『青い鳥』を見に行き、そのことが忘れられなかった。そこで、いまの子どもたちにそれを再現することだった。

「いまの子どもたちは……と頭から言ってはいけない。いい夢を持たせてやると、知らず知らずに公徳心は出てくる。正しさへの勇気もわく。人間、性は善だという感じがするなぁ」

（1964・12月号）

087

先達の教え

# 徳は本なり、財は末なり。

## 茂木啓三郎

もぎ・けいざぶろう（1899〜1993）千葉県生まれ。東京商科大学（現・一橋大学）を卒業し、野田醤油に入社。その後、茂木家の養子となる。70年代に米国でしょうゆ工場をつくるなど、しょうゆを海外に広めた。

会社としては1917年の創業となるキッコーマン（当時・野田醤油）だが、その歴史は17世紀に遡る。

「茂木家の先祖は、大阪夏の陣のとき、豊臣方の武将として戦死しましたが、未亡人が男の子ひとりと家僕を連れて野田にたどりついたんです。そこで豪農に助けられ親切な扱いを受けました。そして手打ちそばをごちそうになり、その情けを忘れまいと野田に住む決意をしました。ですから、茂木家は正月三が日は雑煮を食べず、そばを食べるんです」その後、商売をはじめた茂木家は信用を大事にした。

「『財を積んで、公に報ずべし』、『徳は本なり、財は末なり』という遺訓があります。百年も前に、どうしてこんな素晴らしいことを考えたのか、不思議で仕方がない。事業経営の基本も『規律を厳にして、従業員を愛すべし』と書いてあるんです。当時は労働組合もなければ、自由勝手ですね。それにもかかわらず『従業員を愛すべし』ということを、事業経営の基本にしているんです」

（1984・3・13号）

088

ひいては日本のため

# 日本のサッカーのために この番組を日本で放映すべきだ。



## 諸橋晋六

もろはし・しんろく（1922〜2013）東京都生まれ。上智大学経済学部卒。大学時代には東京都大学サッカーリーグでもプレーした。卒業後は、三菱商事に入社し、同社サッカー部にも所属した。86年に社長、その後会長と活躍した。14年には日本サッカー殿堂入りしている。

日本サッカーの隆盛の裏には、1968年からテレビ東京で放送された「ダイヤモンドサッカー」という番組が大きく貢献した。

「1964年から5年間、ロンドン勤務をしていたんですが、英国はサッカーの本場ですから、BBCで毎週土曜日に『マッチ・オブ・ザ・デイ』という番組を放映していて、その日に行われたいい試合を1時間番組でやっていたんです。私はサッカーの試合も見ていましたが、その番組も見ていまして、この番組を日本に導入したいと、かねがね考えていたんです。

そこに、当時三菱化成の篠島（秀雄・元社長）さんがロンドンに出張へいらして、当時、日本サッカー協会の副会長をされていましたから篠島さんに『日本のサッカーのためにこの番組を日本で放映すべきだ』と一生懸命訴えましたら、喜んでくれましてね、『お前やってくれ』と言われました。それでBBCと交渉しまして篠島さんは東京で尽力して下さった結果、いまのテレビ東京で放映することになり、三菱がスポンサーになったもんだからタイトルが『ダイヤモンドサッカー』となったわけです」

（1997・9・23号）

# 089

ひいては日本のため②

## そうすれば日本という国を理解してもらえると思ったんです。



### 川淵三郎

かわぶち・さぶろう（1936〜）大阪府生まれ。早稲田大学在学中に日本代表に選出されるなど活躍、東京五輪にも出場した。古河電気工業でビジネスマンとして活躍しながら日本代表監督などを務めていたが、91年、Jリーグ設立とともに初代チェアマンに就任。その後、日本サッカー協会会長を務めた。現在も首都大学東京理事長や日本バスケットボール協会会長などを務め活躍中。

日本サッカーを強くすることが、そのまま日本のためになる。そういった思いを先人たちが持っていたからこそ、いまのサッカーの隆盛があるのではないだろうか。

「私が子どものころは、日本ではマイナースポーツでしたが、世界的にみたらこれほどメジャーなスポーツはなくて、世界一のスポーツであることは間違いないんです。

例えば、経済大国ということで日本人を尊敬するということは、新聞を読めない人にはできません。でも、サッカーが強いといえば尊敬されるんです。だから、日本がサッカーで世界一になれば、サッカーは最大のスポーツだから新聞を読めない人でも知ることができます。

そういうことで、世界一になるような方向にもっていければいいと考えていまして、そうすれば日本という国を理解してもらえると思ったんです。経済で尊敬されるよりもサッカーで尊敬されるほうが、一般の人には上ですから、そういうスポーツに自分自身が携われていることに幸せを感じます」

（1997・9・23号）

090

背負うもの

# 賢愚は他人の領分。



## 塚本幸一

つかもと・こういち(1920〜1998)滋賀県生まれ。出征し、戦後、和江商事(現・ワコール)を創業。一代で大企業へと成長させた。京都商工会議所の会頭なども務め、関西経済界の重鎮として活躍した。

第二次大戦中のインパール作戦で小隊55人中、生き残ったのはたった3名、その一人が塚本氏だった。決断と実行が早い塚本氏にその理由を尋ねると、物事の判断基準を「できるか、できないか」で考え「できないこと」はやらなかったからだそうだ。そして、できることで、やらねばならないことであれば、即実行なのだそう。その背景には「生かされた人間」だけが持つ「賢愚は他人の領分」という考えがある。バカだとか賢いとかを自分で決めない、だから威張ってもしょうがない、人は誰もが虚栄心を持つが、それに惑わされればメッキの人生を歩まねばならない。それよりも「実行が重要」なのだと。

（1993・9・28号）

091

全体を考える

# 会社を伸ばす有能な人間にはクセがある。

## 江戸英雄

えど・ひでお（1903〜1997）茨城県生まれ。東京帝国大学卒業後、三井合名に入社。戦後、三井不動産に転じ、社長、会長を歴任。三井グループの重鎮として長きに渡って活躍。また、音楽振興や教育にも尽力した。

昭和2年に大学を出て、三井合名に入った江戸氏。戦後は、三井不動産で霞が関ビルや東京ディズニーランドの建設に尽力するなど三井不動産の礎を築いた。その江戸氏が、社長のもっとも重要な仕事は後継者選びだと述べている。

「社長のいちばん大切な仕事は、後継者の選定ですね。ただ、ともすれば自分中心に考えがちです。これが通例ですよ。この人を選んだ方が自分の都合がいいだろうなんて(笑)。しかし、会社のためではない。会社を伸ばす有能な人間にはクセがある。

社長になった時から、もし自分が死ぬようなことがあったら誰を社長にするかを頭に描いていました。おかげで優秀な後継者に恵まれまして会社も大きくなりました。会社というのは永遠の生命を持つものですからね。人間の寿命は短い。数多くの社員の幸せを考えて、かじ取りをできる人がトップに座るべきです」


(1981・2・10号)

092

人を育てる

# いかにして良い人間集団をつくっていくか。

## 鈴木哲夫

すずき・てつお（1924〜2015）愛知県出身。44年東京工業大学窯業科を卒業後、東洋光学硝子製造所（現・HOYA）に入社。技術長などを経て、57年社長。93年会長。同社を優れた光学技術を持つハイテク企業に築き上げた。

経営の要諦とは、という問いについて鈴木氏は、こう答えている。

「難しい問題ですね。やはり、そこには経営哲学が必要なんでしょうが……、結局、企業は人の集まりですから、人間に基礎を置いたものでしょうね。

つまり、いかにして良い人間集団をつくっていくかにかかってくるような気がします。すると、お金はついてくるし、新しい事業計画なんかも作れる。しかし、素晴らしい人間集団をつくるとなると、これは難しいですね」


（1984・5・8号）

093

良心を忘れない

# 貸すも親切、貸さないのも親切。



## 武井正直

たけい・まさなお（1925〜2012）山梨県生まれ。50年に慶應義塾大学卒業後、日本銀行に入行。大阪支店営業課長を経て、78年、北洋銀行（当時・北洋相互銀行）専務。その後、社長。普銀転換後、頭取。97年には破たんした北海道拓殖銀行を引き受けるなど、北海道の経済を守った。

北海道の北洋銀行の頭取を務めた武井氏は、金融界こそ志が必要だと述べていた。日銀から北洋銀行に移ったことについてもこう述べている。

「私は、金融というのは皆同じだなと思うんですよ。じゃあ金融とは何ぞや、と問い詰められれば、『金融は良心である』と思います。

最近は大蔵省の政策がどうの、日銀の政策が悪くて過当競争させたじゃないか、と金融界からの声が上がっていますが、それは間違いだと思いますね。これは金融界の人が反省していない証拠ですよ。私にいわせれば、金融がいかに緩和されようと、良心を失ったらただの金貸しですよ」

また、良心とはなにか、という問いにこう答えた。

「貸すも親切、貸さないのも親切」と。

（１９９１・新年特大号）

094

経営者とは

# 結局、経営者としての責任は、社員を幸せにするということに尽きると思うんです。

田口利八

たぐち・りはち（1907～1982）長野県生まれ。30年に田口自動車を創業、運輸業を始める。戦時中は統制令により集約合同されたが、戦後、事業を再興。55年に社名を西濃運輸（現・セイノーホールディングス）と改称し、いまにいたる。大垣商工会議所会頭や全日本トラック協会会長なども務め、地元や業界のために尽力した。

西濃運輸の創業者の田口氏は、不況で人員整理、賃金カットの嵐の中、雇用を守り、賃金カットも行わなかった。企業の発展は社員次第という考えがあったからだ。

「私はこういう風に考えているんです。結局、経営者としての責任は、社員を幸せにするということに尽きると思うんです。労務政策云々といっても、つまりは社員の幸せが根本問題なんですから。では、社員を幸せにするにはどうするのか、それには三つあると思うんです。

ひとつは経済問題。社員の働きに応じた正しい報酬を与えるということ。経済環境が変化して、その日の生活費に事欠くということがあれば、仕事にも影響します。

もうひとつは、誇りです。その企業に誇りを感じて仕事をやっている。そういう企業にしなければいけません。

最後は、将来性。これは三つのなかで、一番重要です。社員が、この会社にいれば五年後、十年後の『夢』を持てること。その企業、そして自分の将来は洋々たるものだという確信を持てる企業にすることが一番重要なんですね」


（１９７６・１・11号）

# 幸せの総和が、企業価値です。

## 塚越寛

つかこし・ひろし（1937〜）長野県生まれ。伊那北高校を肺結核のため中退。その後、木材会社に就職後、子会社の伊那食品工業に入社。社長代行として経営再建にあたる。寒天の安定供給の確立や新製品開発に取り組み増収増益を続けている。83年社長、2005年から会長。

長野県にある寒天の会社、伊那食品工業はスピードが重視される時代において、ゆっくり、しかし確実に成長する「年輪経営」を主張する。塚越氏の考えは、社員が幸せになるような会社をつくり、それを通じて社会に貢献することだ。

「成長と利益こそが価値だとすると、とかくイケイケドンドンの経営になりがちです。成長というのは売上高の数字ではありません。昨日より何かが良くなった、つまり、『会社の雰囲気が良くなった』とか『社員のモチベーションがあがった』という事も成長の形なのです。会社には終わりがないから急ぐ必要はないのです。ゆるやかに末広がりの成長を続けることが理想です。

そのためには、実力をつけることが必要ですから学ぶことを怠ってはいけません。会社のあるべき形は正しいことをして永続させることです。そうすれば社員をはじめ会社に関わる全ての人が幸せでいられます。幸せの総和が企業価値です」

（2015・3・10号）

096

事業は優しさ

# 技術力と一緒に、優しさも売っている。

## 中村俊郎

なかむら・としろう（1948〜）島根県生まれ。京都と米国・カリフォルニア州で義肢装具製作を学び、74年に郷里の大田市大森町で中村ブレイスを創業。日本だけでなく、世界から注文が寄せられる。また、過疎化の進む地元を盛り上げようと様々な試みを行っている。

島根県大田市、世界遺産である石見銀山の町で義手や義足などの義肢装具製作の中村ブレイスを経営する中村氏は、人を支えると同時に、地域も支えている。その原点が、米国での経験にあるという。

「当時の米国は治安が悪く、ある夜、英会話学校に自転車で通っているところをひき逃げにあいました。気がつくと霊安室のベッド。骨折で手も足も動かず、耳から血が出ていました。

人間がどん底になったとき、何をしてほしいか。経験した人にしかわからない願いがある。義肢装具づくりは『喜ばれる仕事』が原点です。技術力と一緒に、優しさも売っている。つらい人の立場に立って仕事をしなければいけないと思いました」

（2009・3・24号）

097

考え方を売る

# 商売はモノを売るんじゃなくて、ものの考え方を売るんだ。



## 江頭匡一

えがしら・きょういち(1923〜2005)福岡県生まれ。米軍基地での商売をきっかけに起業、51年、福岡空港の国内線運航開始と同時に機内食の納入を開始。59年にはファミリーレストランを出店。外食産業のパイオニアであった。

「ロイヤルホスト」で知られるロイヤルホールディングスは、機内食事業のパイオニアとしても知られている。その裏には創業者・江頭氏の経営哲学があった。

「商売はモノを売るんじゃなくて、ものの考え方を売るんだということです。私のところでは、7年ほど前から日本航空の機内食をはじめましたが、最初は一日一便でしたから赤字ですよ。

しかし飛行機というのは、必ず日本のメイン輸送機関になるという予測のもとに続けてきた。それが、いまでは国際線も飛ぶようになって実を結びつつある。これは、結果として偶然そうなったように思われているけれども、やはり時代の変化を読んで先取りしたということなんです」


(1971・10月号)

098

幸せをつくる

# 人間の究極の幸せは、愛されること、褒められること、人の役に立つこと、必要とされること。

## 大山泰弘

おおやま・やすひろ（1932〜）東京都生まれ。中央大学法学部卒業後、日本理化学工業入社。74年社長就任。08年から会長。60年代から知的障害者の採用をはじめ、75年には製造ラインのほぼすべてを知的障害者のみで稼働できる工場を川崎市に建設。取材した12年時には、社員75人中、55人の知的障害者を雇用。

長年にわたり障害者雇用を続ける大山氏だが、そのきっかけは養護学校の先生からの頼みを断りきれずに実習生として採用したこと。しかし最後の日に、ある社員の「これほど一生懸命やってくれているんですから、あの子たちを雇ってください。2人くらいなら、われわれで面倒みれますから」と言う言葉で正式に採用したが、最初は同情心からだった。それが理念に変わったのはある出会いからだった。

「法事の席でたまたまお坊さんの隣に座った際に、『会社で障害者を採用したのですが、仕事で苦労するよりも施設に入ったほうが彼らは幸せなのではないでしょうか』と尋ねたのです。すると、住職は『人間の究極の幸せは、愛されること、褒められること、人の役に立つこと、必要とされることの4つです。それが満たされる企業にいられることで幸せなのです』と仰いました。その言葉を聞いた私は『よし、チョーク屋を大企業にするには限界がある。そうであれば、障害者の方々を幸せにする場所をつくろう』と決意したのです」

（2012・3・6号）

099

財産は社会のもの

# 自分の財産というものはない。
# 一切の財産は預かりもの。



山岡荘八

やまおか・そうはち（1907〜1978）新潟県出身。作家。歴史小説を中心に活躍し『徳川家康』はベストセラーとなる。その後も、『織田信長』、『伊達政宗』など多くの作品を残した。

1965年当時、「貯蓄を倍にしよう」という運動があった。そこで徳川家康に学ぼうと、山岡先生に家康の考え方を聞いている。

「家康はケチンボと言われるほどの倹約家で貯蓄だけでなく、物も大事にした人なんですよ。戦国時代、百何十年も戦が続き、モノがすべて足りない時に武士は行政官として生産面に携わらないのだから倹約を第一の美徳とした。

貯蓄についても、自分の財産というものはない。一切の財産は預かりもの、必ず民の生活にプラスになるように使わなければならないといったことから、この金はお前に渡すけれど、お前のものではないのだから、自分のために使ってはいけないということを、いつも3度繰り返すのが常であったということです」

（1965・1月号）

100

今を生きる

# 青い鳥はここにおる。



## 大平正芳

おおひら・まさよし（1910～1980）香川県生まれ。東京商科大学（現・一橋大学）を卒業後、大蔵省（現・財務省）に入省。49年、池田勇人大蔵大臣秘書官に。52年、衆議院議員に当選し政界入り。60年に官房長官。外相、蔵相などをへて、78年首相に。80年、首相在任中に急逝した。

大平総理の誕生以前、総理総裁候補として、山口淑子さんがインタビューした記事が残っている。そのなかで、自身の考え方について、こう述べている。

「考え方としては、〝現在を大切にしよう〟ということですね。永遠の現在というか、エターナル・ナウというのか。つまり青い鳥が山の彼方におるなんていうのは幻想だと思うんですよ。青い鳥はここにおる。いい政治はここにある、今ある。今以外は、われわれの世界にはないんだから、今日一日を大切にする。

アンドレ・モーロアの晩年の随筆に『あなたの天国』というものがあるけど、その中でモーロアは、『自分が天国へチケットを持って入ったら、何をするだろうか。やっぱり自分は妻に会いたい、子どもに会いたい、友達に会いたい。話をしたい、原稿が書きたい。そう考えてみると、全部、現在自分がやっていることじゃないか。今やっていることが天国であり、今が天国だ』こういうことなんですよ」

（1971・7月号）

# 君に100の成功を贈る

2016年10月7日　初版第1刷発行

著　者　　経済界
発行人　　佐藤有美
編集人　　安達智晃

発行所　　株式会社経済界
〒107-0052　東京都港区赤坂1-9-13　三会堂ビル
出版局　出版編集部　☎03(6441)3743
出版営業部　☎03(6441)3744
振替　00130-8-160266

http://www.keizaikai.co.jp

ブックデザイン　小口翔平＋三森健太(tobufune)
写真提供　共同通信社
印刷所　株式会社光邦

ISBN978-4-7667-8604-0